蚯蚓创业记

汤姆·萨基（Tom Szaky） 著
王哲 译

REVOLUTION IN A BOTTLE

How TerraCycle Is Redefining Green Business

中国人民大学出版社
·北京·

献给我的太太素妍，

感谢她陪我走过这个令人兴奋的旅程中的风风雨雨。

感谢我的家人和朋友。

谢谢你们，谢谢！

序 言

不要把《蚯蚓创业记》作为文学作品或者案例分析来读。这不是一个运气好赚到大钱的人“我行我素”表现出的妄自尊大，而是对现代社会存在的阴暗面提出的修正建议，是一种新资产类型——不可回收产业在产生之初发生的摄人心魄的商业故事。汤姆·萨基发明了一种新型企业，它就像食腐者一样把工业垃圾分解转化成独创的新产品，转而供给零售商。萨基是一位从普林斯顿大学退学的企业家，他从未把垃圾问题看作自己不能解决的问题。他解决的是工厂产生的不计其数的垃圾，这是设计不合理的工业文明的获取—制造—垃圾机制造成的。他的范式很简单：有害的工业分子就是 TerraCycle 的原料。

对待垃圾的方法有几种：扔掉，让大自然去处理它；烧掉，这样分子可以跑到别处，让大自然去处理它；回收，并且在最终扔掉的时候，希望大自然去处理它。汤姆的方法是：给我钱，我把垃圾拿走，让我们的人把它重新设计成顾客想要的东西。萨基的第一种产品给垃圾确定了黄金标准：运输纸板箱是垃圾，瓶子是扔掉的饮料瓶，里面装的是用厨房垃圾制成的蚯蚓堆肥，也许，仅仅是也许，这是百事可乐饮料瓶第一次装有价值的东西。在交易中，TerraCycle 的瓶装蚯蚓堆肥是一种升级回收产品。拿来一种材料，把它做成比原来更有价值的东西。

在 TerraCycle 的仓库里，有用带有树荫牌咖啡品牌标识的包装袋做成的星巴克杂志的外包装、用酷爱（kool-Aid）饮料袋做成的由塔吉特（Target）百货公司销售的铅笔盒和 TerraCycle 制作的奥利奥（Oreo）邮差包、可沛利（Capri-Sun）手提包、克里夫（Clif）能量棒背包以及大量的报纸铅笔。不仅你的背包上有企业的标识语，你也成了它们的活广告。若在十年前，萨基的产品会毁掉安迪·沃霍尔（Andy Warhol）的职业。单品的数量每个季节都在攀升。萨基的企业如同从粪便里长出来的美味的蘑菇。

这种共享重组再造的消费主义和物质循环有着深远的商业意义。令人信服的是，TerraCycle 可以说是第一个拥有负成本产品的企业。竞争者已经注意到了这一点。TerraCycle 选择的是工业生产中丢弃的东西，并把它带到阳光里，成为其他企业掏钱让 TerraCycle 生产的产品。长远的意义更加难以想象。如果多数工业废物像在欧洲和日本那样被禁止填埋和焚烧，会怎么样？你要给谁打电话？换句话说，TerraCycle 不是泛滥成灾的垃圾和废弃产品的出路，而是几十家世界 500 强企业生产规划中不可或缺的一部分，包括它一直为之服务的企业。到那时，产生的便是共生关系，和食腐者与环境的关系是一模一样的。食腐者大嚼树木产生的垃圾，反过来又喂食供它食物的树木，我们把这称为共生关系，是互利互助的广泛同化，有利于所有各方。

萨基给人的印象是镇定、胸有成竹，他欢迎废弃、边缘、掩藏起来的东西。当你看到其凸显产品的企业标识时，你对萨基不会产生丝毫怀疑。相反，他怀疑地看着那些对他全力让产品打入沃尔玛、塔吉特和家得宝所做的努力表示质疑的人们。他对每个美国人都买得起他的产品感到骄傲。若不是 TerraCycle，每件东西现在都被填埋或者焚烧了。TerraCycle 铅笔盒装着 TerraCycle 铅笔，放在 TerraCycle 背包里，被孩子们打着的 TerraCycle 雨伞遮着，孩子们穿的衣服是用 64 盎司饮料瓶装的绿色 TerraCycle

洗衣液洗涤的。

从经济角度来看，垃圾具有负价值。从本质上看，垃圾是意外收获，是汤姆·萨基世界里的黄金。这就是关于炼金术的故事。这个故事具有魔力的激情、光芒、执著和信念——相信我们是垃圾的管理者。对于每位梦想成为绿色企业家的读者来说，他都会注意到，萨基最开始所具有的商业知识少得可怜，但他的商业想象力却无边无际。这很少见。他的想象给地球和穷人带来了福音，同时也给巨头企业带来了好处。这些想法将引来他所需的所有商业知识，并创造出自己的智能世界。这最终会成为新的普遍认同的看法，学生们将在学校和书本中学到它，不过到那时，会出现新的萨基们，他们会打破这些准则。在这个我们共同的前途似乎很黯淡（如果不是没有前途）的世界里，我们能做的最好的事情便是创造一个适于居住的未来环境，证明任何行动都是有意义的。汤姆专注于每个废弃的包装纸、瓶子和磨坊残渣。这个宏伟的想象是建立在细枝末节之上的。无数个让我们的土壤肥沃、让河流洁净的食腐者鼓励着萨基，我们也应该鼓励他。

《自然资本论》（*Natural Capitalism*）的作者之一、

《看不见的力量》（*Blessed Unrest*）一书的作者

保罗·霍肯（Pall Hawken）

2002年，我从普林斯顿大学退学创立了公司TerraCycle，专门用垃圾生产产品，并用废品进行包装。开始时，我们把垃圾转化成蚯蚓堆肥，把它液化，然后直接用旧饮料瓶装起来，从而创造出了“TerraCycle植物肥料”。五年来，TerraCycle的年销售额都比上一年翻两番还多。我们拥有的一百多个产品都指定了零售商，在北美家得宝（North American Home Depot）、塔吉特百货公司（Target）、沃尔格林公司（Walgreens）、麦克斯办公用品公司（Office Max）、克罗格（Kroger）、全食超市公司（Whole Foods）、沃尔玛（Wal-Mart），以及另外五千多个地方都可以买到我们的产品。我们还与一些世界上最大的品牌签订了独家协议，负责收集它们不可回收的包装垃圾，从事这个工作的人达数百万之多。然后，我们把废弃的包装制成新的“升级回收”产品。

我将在本书中与你分享我们在过去六年多的时间里创立TerraCycle的经历。其中有一些趣事；这些经历就像是一场极速赛车，希望你能够享受坐在第一排的感受。字里行间流露出的是我作为一名绿色企业家的所思所想以及我的生态企业哲学。我认为，我学到的知识和曾经运用的学识并非放之四海而皆准，不过我确实希望我的经历和方法对那些选择新事业的人们有用，特别是对那些致力于减少我们这个星球在

商品生产和交换过程中产生大量废物的企业。

我在下面介绍的心得在很多方面是作为一名没有受过培训、在很大程度上出于本能的企业家在工作中的收获。TerraCycle 教会我很多自力更生的极端方式，我们得以成名的许多革新是最初在包装、营销、产品开发甚至投资定位受挫时被逼出来的。对我来说，我们成功的秘诀是因为我们拥有一个创新思想，那就是利用垃圾生产出最绿色、最廉价、最有效的产品，并持之以恒。你将看到，有很多时候，为了吸引投资，我们完全可以放弃对环境承担的责任，不过，假如我们那么做了，TerraCycle 就会沦为众多企业中的一员，而不会独树一帜。我们会让公司的理念——用垃圾生产和包装一系列绿色产品而不提高产品价格——深入人心并发扬光大。这个承诺不仅让我们在直接客户（大型零售企业）、最终消费者、地方媒体、国家级媒体以及受赞助的垃圾管理合伙人中名声大噪，而且也让我们的成本优势高于其他生产绿色产品的企业。

很庆幸成立 TerraCycle 的时候正好赶上经济、消费者和行业迫切需要物美价廉的绿色产品这场风暴。毫无疑问，回到十年前，创立这个公司是不可能的。然而，即便在这个成熟的环境里，我坚信 TerraCycle 能够成功的原因是因为我们一贯选择创造性思维（常常是迫于环境压力），挑战主流的传统思想。这并不只是因为我明白，如果绿色产品与传统产品售价相同，绿色产品注定会赢得主流消费者的青睐。开始时，由于我们买不起大批量的新瓶子，我们走了看似极其绿色的道路（如用旧饮料瓶装液化肥料）。最终，我们的最佳创新源于把创造性思维运用到新的环境和新的废物流之中。

假设我们在别的国家创立 TerraCycle，它是不会成功的。美国是拥有独一无二的机遇的国度，而且也正好生产巨量垃圾。一个拥有创新思想的与众不同者在美国的生存空间比在其他任何国家都大。所以，如果有正确的手段和动机，我们能够激起数百万美国人做善事的强烈欲望。如今，数百万美国人，无论男女老少，都热情地为我们收集上亿的废弃果汁袋和糖果包装纸。他们的动机就是做正确的事情，为自己选定的慈善机构尽绵薄之力。在美国，一方面存在着巨大的挑战，另一方面它也提供了独特的希望和美好的未来。作为非土生土长在美国的我来说，我十分感激这个国家，因为它使我能在这片独一无二的沃土上培育 TerraCycle。

除了坚守我们的创新思想，我也看到了规模的重要性，因此希望做大 TerraCycle。为了把公司打造成美国大型的消费品企业，唯一有效的途径就是通过大型零售商来销售产品。读者将会在本书中看到，我一直坚持这个观点，即受环境驱动的企业要想摆脱目前被市场边缘化的处境，必须把最环保的产品摆在销售全美80%以上商品的商店里。当然，多数在沃尔玛购物的人通常不会像全食超市的购物者那样专注于绿色产品。对我来说，生态企业就是寻求经济和环境的和谐，而对 TerraCycle 来讲，这个概念的运用就是变废为宝，并把实惠传递给零售商和消费者。若想完善自己的模式，我们还有相当长的一段路要走，但我想，我们已经铺就了一条能够激励你和他人的道路，希望是这样。

TerraCycle 的早期历史就如同坐过山车一样，每当我思考这段历史的时候，我就会想，当初很难预测或者规划 TerraCycle 能发展成今天的这个样子。但我们做到了，其中的诀窍就是要时刻寻求机遇。如果感觉对路，并与我们的核心任务一致，即便时机还没有成熟，也要适时地抓住它。当我举起铁铲（我们生产第一批蚯蚓堆肥的时候），当我们为生产超环保材料和背包样品而亲自动手使用熨斗和缝纫机时，我认识到，我能适时地将想法付诸实践，减少空想和推测。

有几次我几乎失去了对 TerraCycle 的控制，但每一次，朋友和天使都会在最黑暗的时刻出现。运气和顿悟对 TerraCycle 早期的生存以及后来的成功都是至关重要的。TerraCycle 的成长与成功都离不开很多人的努力工作、丰富的想象力和强大的责任感，对于这些人，我永远心存感激。我深信，我们的企业就如激励和引导它的思想那样具有强大的生命力。很高兴与你分享 TerraCycle 最初六年的奋斗史，同时也希望你与我分享对 TerraCycle 未来的热望与憧憬。

汤姆·萨基

2008 年 11 月于新泽西 特伦顿

http：//www. terracycle. net

目　录

蚯蚓创业记

第一章

忙碌的日子

2001年9月10日，我踏上了新泽西的土地！我知道你在想什么，想当年当我踏上这片土地的时候，我也怀着这样的想法。普林斯顿大学在哪，我头脑里没有任何概念，但非常高兴能到那里去读书，所以在拿到机票之前，我根本没作任何了解。

新泽西是一个占地面积很广的地方，位于纽约和费城之间。官方称它为“花园之州”，而非官方的说法却是“垃圾之州”。如果你看过电视剧《黑道家族》（*The Sopranos*），你就会知道新泽西闻名的是它的垃圾处理行业。

大一结束时，你可能会想，我肯定急着离开新泽西，回到加拿大去过暑假，或者去纽约找份实习的工作。然而，我却决定留在校园里，开办公司——一个生产蚯蚓堆肥的公司。为什么做这个呢，原因嘛，你很快就会清楚的。几乎整个大一学年，我对蚯蚓——一种相当普通的靠吃生活垃圾维生的红色蠕虫所具有的潜在商业价值产生了浓厚兴趣。它们是所有有机废物的贪婪消费者，和所有动物一样（甚至包括我们人类），它们的主要副产品自然是粪便（用行话讲，就是蚯蚓排泄物）。而这是最具价值的：蚯蚓的粪便是非常好的肥料。

我灵机一动，把垃圾、蚯蚓和蚯蚓堆肥结合在一起，这可是革命性的经营模式。我盘算着：我回收人们的垃圾，他们付钱给我，蚯蚓吃掉垃圾，产生排泄物，我把排泄物装起来，卖掉。也就是说，我的原材料成本为负（人们付钱给我），员工免费工作（可以说，它们只需要食宿），它们的粪便人们也要花钱购买。我两头赚钱。

我确实需要赚一些钱。部分原因是新企业让我债台高筑。我从不想赚肮脏的钱，也不特别在乎高档的服饰、时尚的跑车和豪宅。我知道，这个新的经营模式只有根据最基本的经营原则——盈利来运作，否则它是不会成功的。

大一期间，尽管历经了很多波折，我和朋友乔恩·拜尔（Jon Beyer）（在他人的帮助下）制定了企业规划，凑足了一台机器的钱，这台机器可以装几百万条蚯蚓并收集它们的粪便。征得学校同意，我们可以回收一个校园食堂的剩菜剩饭。

在那个炎热潮湿的新泽西夏季的第一天，我站在那儿，看着从普林斯顿大学的一个食堂里运回的像山一样高的垃圾。

遗憾的是，乔恩回马里兰州去做服务生了，要一整个夏天。这使 TerraCycle 的工作人员减少了一半。幸运的是，我说服了一位名叫诺埃米·米尔曼（Noemi Millman）的大四学生加盟进来。我和诺埃米早就认识，当时我在一个校园剧团工作，为他们的剧目设计海报。她主修戏剧，那年暑期没有什么切实的计划。我说服她加盟时没有透露，她的工作职责包括铲垃圾。

我们在等哈里。哈里·温德尔（Harry Windle）是我买的那台蚯蚓堆肥机的发明者和建造者，他正从佛罗里达赶来送机器。他给我们半价的优惠：两万美元。学校给了我们一小块场地作养殖场，位于很远的小山深处，这一小块平坦的泥草地十分符合我们最基本的需求。在为机器的到来作准备的时候，我和诺埃米弄来了蚯蚓养殖最重要的工具：一辆租来的老掉牙的1985年福特敞篷小货车，一些铁铲和一台碎木机，那辆车的黑色车身已经锈迹斑斑，前灯和后视镜都没了。

我们需要碎木机，因为蚯蚓只吃有机并新鲜的东西，但如果这些东西块儿太大，它们就会吃不干净。如果食物被碾碎成均匀的泥状，它们就会吃得更干净。我们计划把小货车开到食堂，把垃圾桶装上车，然后运到养殖场。到地方后，我们把垃圾桶打开，用铁铲把里面的东西铲到碎木机上。接下来，我们只需要把碾碎的蛆和腐烂的食物移到蚯蚓堆肥机的传送带上，传送带就会把食物送到机器里面，喂给蚯蚓。

我们现在所需要的就是哈里·温德尔和他的蚯蚓堆肥机。哈里来迟了。食堂为我们收集食物垃圾已有一周了，所以他到了之后我们能够马上开工。尽管我还欠哈里一万美元的机器货款，但我没有丧失信心。他已经造好了蚯蚓堆肥机（我感激他），他会来的。

威尔科克斯（Wilcox）食堂的人一直在为我们收集垃圾，在那些垃圾被我们运走之前，他们已经开始烦我们了。可以理解，那一周很热，垃圾桶里的东西已经腐烂了。

最后，比原计划开工晚了两天，一辆大型的红色F-350货运卡车上了华盛顿公路，车上装着我们尚未组装的蚯蚓堆肥机。汽车急刹车，在我们面前停了下来。哈里从里面爬出来，手里拿着咖啡壶，说："想来点吗?"

哈里个子很高，50岁，来自佛罗里达的"水泽之国"——盖恩斯维尔。他干过许多活，养过几百条牛头犬，买过一头奶牛（名叫贝西）以便不用割草，发明了自动的蚯蚓堆肥机。哈里和我们住了一周，帮我们架起了蚯蚓堆肥机，并使它运作起来（当然，他也拿到了钱）。机器组装完毕，看起来很漂亮：想象一下安着宽大传送带的圣诞树，每个"树干"上都有六个传送带，高

15英尺、宽20英尺。蚯蚓生活在有角度的传送带上，共同分享从顶上的一个中央储料器里如雪花一般飘落下来的垃圾。

每条传送带以非常缓慢的速度从中间移开——每五小时移动的距离是一英寸。这种设计的依据是：蚯蚓会爬向食物（同时也爬离它们的粪便，因为我们知道，所有动物，包括我们，都不想在自己的粪便上停留），与此同时传送带离开中央，带走蚯蚓的粪便。当粪便到达传送带的底部时，会落到一些黑色的塑料盆里。就这么简单。

蚯蚓堆肥机还有另外两个部件，实际上它们是整个过程的开始和结束部分。第一个部件是一个很大的旋转桶，负责把垃圾处理得更便于让蚯蚓食用。这是一个银色的八边形空心圆柱体，大约有12英尺长、6英尺高，充当超级的堆肥器。另一个部件是筛子，也是一个长长的银色空心圆柱体，负责把蚯蚓的粪便与其他东西（包括那些爬得慢的不幸的蚯蚓）分开。垃圾里总有一些蚯蚓不能吃或者至少不想吃的东西。

我们花了大半天把这些部件组装起来。太阳落山的时候，哈里拖出一捆体积很大的麻袋，大但不重。这是蚯蚓的旅行袋，里面装着百万条红色的蠕虫，为避免旅途的颠簸，都用碎纸垫上了。当哈里打开第一个袋子的时候，我不敢肯定看到的是什么。里面，和碎纸混在一起的是看起来像红色柚子的东西，只不过它们在抖动着。原来，当蚯蚓受到惊吓的时候，它们就会挤成一团，卷成球状。哈里向我们解释说，一旦被放入堆肥机，它们就会恢复原状。

为了让蚯蚓感到舒服，并让它们比较容易地分散待在堆肥机里，我们把它们和牛粪混在了一起（牛粪也是哈里带来的，是他的“草坪割草机”贝西好心提供的），然后把它们装在了中央储料器里。慢慢地，蚯蚓开始在传送带上散开来。

已经是晚上11点了，遗憾的是，哈里耽搁的两天使垃圾堆得很高，我们必须把它们尽快处理掉。当我和诺埃米开着那辆破旧的卡车在校园里穿行的时候，我努力向她描绘一幅宏伟的蓝图，以让她兴奋起来。我给她讲，创立新企业是一件多么棒的事情，如果我们的经营模式能够运作起来，我们对环境的影响是多么巨大。总之，想到什么就讲什么。

实际上，正如我在努力鼓励诺埃米一样，我也在努力鼓励我自己。我对债务深恶痛绝！有多少个不眠之夜，我试图弄明白，如何让企业运作起来。一想到如果计划失败了，我要还款，我就感到十分恐惧。我想象着这样的场景：穿着西装在投资银行工作三年。对我来说，这相当于集中营。恐惧让我兴奋——蚯蚓计划不能失败。失败已经不再是一种选择。

食堂已经堆积了十多个 55 加仑的桶——这是标准油桶的型号，里面装满了被堆肥业界熟知的“后消费食物垃圾”。这说起来很轻松，但世界上没有卫生无害的垃圾。这些桶里装满了正在腐烂的残羹剩饭，即便饥饿难耐的大学生也不会感兴趣：吃了一半的香肠、上周二的金枪鱼三明治、咖啡渣、食用油、蛋壳，以及各种有害的难以分辨的烂东西。受压后已经变成了糊糊状，正慢慢地变成液体。我们面对的不仅是山一样的泥状物，而且这些东西在阳光下已经腐烂了十天。

在昏暗、诡异的车前灯光下和校园的路灯下，我们开始装车。我们用一块从家得宝买来的胶合板临时搭成了坡道，然后顺着坡道把垃圾桶推到车上安置好。诺埃米很能干，可是那些桶重达 150 磅，对她来说并不轻松。我们又铲又拉，好不容易装上了两桶，觉得够跑一趟了。我们需要让蚯蚓干活，于是我们朝着养殖场开去。

到地方时，忽然听到低沉的“隆隆”雷声，我们这才发现黑暗的夜空中已是乌云密布。诺埃米望着我，好像在说：“我简直无法相信自己是怎么被你说服来干这个的。”我们都知道情况有些不妙。

我扫了一眼蚯蚓堆肥机，崭新锃亮，正期待着完成自己的使命。我向诺埃米微笑了一下，以示鼓励。我们戴上手套，我小心翼翼地掀开第一个垃圾桶的盖子。

在这个酷热的6月天的夜晚，我知道了一辈子都不想知道的事情。我知道了炎热、潮湿和垃圾混合在一起是腐烂的绝佳环境。不仅如此，它也给蛆提供了理想的繁殖条件。十天的时间已经让它们膘肥体壮。

在打开桶盖的那一刻，我不幸闻到了自然界里最腐臭的气味。它无疑比任何气味——粪味、呕吐物的气味、腐烂的气味等任何你能够想象出的气味都令人作呕。还有呢，一群扭动身躯的蛆使得正在腐烂的泥状物好像活了起来。

所有这些都是我的。

“用嘴呼吸!”我喘息着，扔给诺埃米一把铲子。

很快，事情越来越糟糕。似乎我们正在铲的令人作呕的东西还不够恐怖，碎木机是被设计来碾碎干木头的，而不是用来碾碎养尊处优的大学生们剩下的油腻饭菜。泡在垃圾桶的泥状物对碎木机来说是个噩梦。每隔十分钟左右，机器就会被堵住。当然，清除堵塞的唯一办法就是把手伸到里面，把堵住机器锯齿的垃圾掏出来。因为锯齿有一臂多远的距离，所以我们的脸上几乎总要沾上一点儿黏糊糊的东西。每次待机器被清理完毕时，我们就要把令人讨厌的浆状物移到通往加工食物的旋转桶的传送带上，做完了，接着处理下一桶垃圾。随后去食堂再运来两桶。

半夜时，天开始下起毛毛雨。

我们已经把两桶垃圾拖上了车，突然刺眼的手电筒光照着我们。一个威严的声音问道：“你们在这儿干什么?”

我用了一分钟的时间才想出一个合理的解释——“我们在偷垃圾”的确不准确。终于，我让他们相信了事实的真相，即学校授权给我们处理食堂的垃圾。说了许多“是，先生”、“好，先生”之后，我们接着干活。

我们把警察打发走时，雨已经下得很大了。我和诺埃米干了一会儿，劳累加上惊吓已经使我们说不出话来了。哈里早就走了。令人作呕的活计一直干到深夜。当我们跑第六趟也就是最后一趟的时候，诺埃米已经要坚持不住了。凌晨2点半，最后一桶垃圾洒在了光滑的木质支架上（我们设计来装车的），腐烂、满是蛆虫的垃圾溅得她满腿满脚。

诺埃米踉跄了几步，呕吐起来，之后便头也不回地走了。

第二章
理想起航

进入普林斯顿半年后我开始铲食物垃圾，这显然需要我作出某种重大改变。我猜想，我已经习惯了改变，因为我的生命实际上是以严重的动乱开始的。1982 年，我出生在匈牙利的布达佩斯，我父母是医生。因为某种政治原因，情报机关没收了我们的护照。我和爸爸、妈妈、姑姑和爷爷一起住在一个很小的公寓里。我们没有钱，即便我父母是医生，他们的收入也只和我们楼里开电梯的那个人是一样的。

20 世纪 80 年代末，匈牙利的生活并不惬意，即使在最好的时代也是这样。接着，1986 年 4 月，切尔诺贝利的核反应堆爆炸了。这场具有划时代意义的环境灾难极大连累了所有东欧国家的经济和食品供应，因为担心污染，它们不能再出口食品了。顷刻间，严重的政治不稳定笼罩了这个地区。我父母想尽办法终于拿回了护照。四岁时我突然被告知：我们要离开家了。除了身上穿的衣服，几乎什么也没带走。

我们先到了比利时，在那里停留了三个月，然后辗转到荷兰，和一位我父母在一次会议上认识的教授共同住了一年。美国不给我们难民身份，但加拿大给了，于是我们移民到了那里。1987年，我们到了加拿大，我们住进了我母亲叔叔家的地下室。后来，我们在多伦多的斯卡伯勒安顿下来。

尽管我父母在匈牙利曾经是令人尊重的医生，但要想在加拿大行医，必须重新进行所有的培训，并且要从实习医师开始。尽管我们家基本上不得不从头开始，但我却在多伦多快乐地成长着，在那里上小学，后来上了加拿大一所一流的私立男校——上加拿大学院（Upper Canada College，UCC）。

在上加拿大学院时，最好的朋友让我见识了企业家的世界——一切皆有可能。杰克·科尔（Jake Cohl）的爸爸迈克尔（Michael）出生于一个体面的中产阶级家庭，一路打拼进入演唱会行业，成立了摇滚乐历史上最大的演唱会宣传公司。安东尼·格林（Anthony Green）的父亲唐·格林（Don Green）和别人共同成立了绿适（ROOTS）服装公司。迈克尔和唐都没有读完大学，二人都追随自己的梦想，取得了巨大成功。

在此之前，我一直认为，那些有钱的人几乎都是从出生第一天起就有钱，一辈子都有钱，而没有钱的人则为生计而工作，永远也不会富有。在遇到迈克尔和唐之前，在没有亲眼看见他们的生活方式之前，我无法想象这样的事情是可能的。突然间，成功对我来说也是一种选择！

在我大约14岁的时候，我搞懂了设计网站的方法。我从未想过要正式成立公司。我只是开始建立网站。互联网刚刚起步，人们认为这是个赚钱的行业，我可以做，于是我做了，并小赚了一把。我做了两年，后来遇到了一个名叫罗宾·塔特（Robin Tator）的人。罗宾是个相当富有创意和冒险精神的家伙。当时他在策划建立一个“自己动手”的网站（后来叫 warehome.com）。开始时，他让我负责为他设计网站，后来干脆让我接管了全部的开发工作。

正当我们即将完成第一轮风险资本投资的时候，互联网泡沫破灭了。那时，我刚好收到了普林斯顿大学的录取通知书。

当我到达校园的时候，只有几个小时来安顿，并和同为新生的基督教新教派室友打赌谁住下床（后来我输了）。接下来，我和另外15名不知所措的新生和两名极度热情的大三学生玩起老掉牙的游戏，就是给自己起个集训名字，为长达一周的独木舟旅行作准备。这次旅行，也就是众所周知的户外行动的目的，是让我们这些紧张害怕的大一新生放松，并在开课前的两周时间里熟悉“普林斯顿文化”。

就在那次旅行中，我结识了来自马里兰州的计算机专业的学生乔恩·拜尔。在我看来，他是那次旅行中除我之外唯一心智健全的人。我们先在体育馆里玩，接着挤上了黄色的校车，准备启程，不知道有什么可以期待的。在接下来的七天里，我们乘着独木舟沿着特拉华河顺流而下，然后在到处都是垃圾的拖车场宿营。这期间，我开始想加拿大了。那里的人们友好和善，空气清新，自然界母亲那令人敬畏的力量使人不由地产生一种谦卑感。

与我到过的任何一个地方不同，疆土辽阔的美国到处都是充满创意的人，到处都是甘愿为这些创意冒高风险的人。在这个国家，失败被视为踏脚石而不是墓碑。在这个国家，任何人，甚至像我这样出生在匈牙利的加拿大人，都可以怀着美国梦。然而当我乘着独木舟沿着特拉华河顺流而下的时候，我发现这也是一个污染严重的国家。在这里，盖一栋新住宅要比保护森林更重要。

我们回到普林斯顿，回忆着在“大一新生周”所经历的奇闻逸事。我后来弄明白了，这次历时七天的大型活动的真正意义，不是像他们让你相信的那样去引导新生，而是给大四学生提供结交大一女生的机会，并且不用说出那三个令人畏惧的字“我爱你”。对我来说，高中时在电影里看到的拉拉队队长和足球队员也通过这次旅行揭开了他们神秘的面纱。

在校的最初几周，我们受到了社团宣传的狂轰滥炸。普林斯顿有上百万个俱乐部和协会，它们都竭尽全力去拉拢新生。在如龙卷风似的传单、海报和信件之中，有一个吸引了我的目光：一则普林斯顿企业家俱乐部每年一度企业规划大赛的通告——第一名5 000美元大奖，第二名和第三名分别奖励 3 000 美元和 2 000 美元。我把这个指给乔恩看，他也很感兴趣。对我们来说，这笔钱很可观，不过我们需要好点子。我们想了一串，从批量销售影印机到理发，但没有一个可行。

很快我就上课了，每天都熬夜到次日凌晨 4 点，拼命去读五位教授布置的繁多书目。我选了各种各样的课程，但没有经济学，只有像心理学和神学这样的课。那年 10 月，普林斯顿大学心理学教授丹尼尔·卡纳曼（Daniel Kahneman）获得诺贝尔经济学奖——不错，心理学教授获得经济学奖。卡纳曼从心理学视角来分析经济学，如分析人们冒险或者不冒险的原因和方式。比如说，如果你让人们选择在这周接受 100 美元还是在下个月接受 110 美元，他们很有可能马上拿走 100 美元。他所研究的内容被称为“行为经济学”，我确实被它吸引住了，因为行为经济学是关于如何进行创造性思维的。我想，我要创立一个独立的专业，把心理学和经济学结合起来。

也是在第一学期，我和乔恩渐渐成了好朋友，尽管我们都很忙。从一开始我就很喜欢他。他有些羞涩，彬彬有礼，是那种在角落里等信号灯而绝不闯红灯的人（我走路则不遵守交通规则），他还是一个电脑程序设计高手。（此外，他也是个自行车运动的酷爱者，后来成为普林斯顿大学自行车队的队长。）

尽管乔恩根本不是企业家，但他喜欢创意，富有激情，拥有解决问题、打开局面的技巧。不久之后，我和乔恩在我的宿舍里举办了几次“前街”晚会，一次比一次成功。到 11 月，刚开始规模不大的聚会已经从 20 人发展到一百多人，挤进我们宿舍的人越来越多，我们甚至不得不把隔壁的女生宿舍也打开了，以容纳涌进来的新生。

第一个正式的假期是在感恩节，我决定带三个朋友坐汽车回加拿大，让他们看看生活在“肮脏的南方”一直失去的是什么（同时也享受18岁合法的饮酒年龄赋予我们的权利）。我们在罗得岛看了一场U2乐队的表演，然后挤进了我们的小福特，径直开往蒙特利尔。到那之后，我们冲进了加拿大朋友杰克·科尔、史蒂夫·肖（Steve Shaw）和皮特·麦克法兰（Pete McFarlane）租住的破房子里。

高中时，我和朋友们利用加拿大允许私人种植大麻的开明法律，种了大麻。长势最好的小苗被昵称为“马利”（Marley），在我前往普林斯顿之前，鉴于美国的“政治气候”，我们决定让马利和我的伙伴们一同迁到蒙特利尔，养在黑暗的地下储藏室里。

在化肥、人造光和水的生活条件下，马利长得并不好。皮特屡次向我报告它的情况，这让我作好了更坏的准备。但我仍然急切地想见到马利。皮特把我领进了楼梯底部的储物间里。他嘴角带着诡异的微笑，做了一个夸张的动作，猛地把门推开，大叫道：“检查一下吧！”

我几乎不敢相信自己的眼睛。

马利长势茂盛，叶子肥厚葱绿，茎挺拔粗壮，已经不是我几个月之前告别的那株植物了。“怎么回事？”我问道，“当时它几乎快死了！”

皮特愉快地笑着。“大概四周前，我换了养殖方法。”

“怎么养？”

“使用蚯蚓堆肥！”

我轻声笑起来。“什么？”

“我弄到了一个蚯蚓盒子，开始给马利喂蚯蚓堆肥。”皮特解释说，“它不再吃化肥了，从那以后就逐渐恢复过来。”

“都是蚯蚓堆肥的原因？”

“对，像魔法一样。”

我想了片刻，问道：“蚯蚓盒子到底是什么？”

我们上了楼，皮特像一位骄傲的父亲一样给我展示他成功的秘密——一个普通的垃圾罐，不过两英尺高，边上围着黑塑料。里面放着盘子，装着看起来很肥沃的黑土，还有西瓜皮、蛋壳和其他厨房垃圾——还有蚯蚓。几百条，甚至数千条。皮特向我介绍说：“它们是红色的蠕虫，长得非常好。超快。”

“我没明白。”

皮特叹了口气。“这是家庭堆肥处理系统。人们使用蚯蚓盒子已经很久了。我把厨房的剩菜剩饭和其他的废料扔到里面，比如报纸碎片，蚯蚓就会产生粪便。这是理想的肥料。”

那一刻，一道灵光在我的头脑里闪现，自此再也没有熄灭。我们可以回收垃圾（这是项有偿服务），把垃圾喂给数吨蚯蚓（这是一个给环境降温的过程），得到蚯蚓粪便（皮特已经证明这是极佳的肥料），然后把肥料卖给大众！创立 TerraCycle 的想法诞生了。

我们举办了派对以示庆贺，并邀请了马利的朋友玛丽·简（Mary Jane）。她给了我们大家一个小小的吻，然后我们便睡去了，梦见了粪便和利润。

在蒙特利尔的顿悟是偶然发生的，因为企业家俱乐部的企业规划大赛马上就拉开帷幕了，确切地说，就在1月末。乔恩和我一样兴奋，我们两个全身心地投入到对蚯蚓堆肥企业的研究之中。

首先，我们需要证明它能够盈利。这个想法最吸引人的特点之一便是原材料的成本，也就是，没有任何成本。实际上，因为我们的原材料是普通的食物垃圾，人们还要付钱给我们，因此可以说，原材料的成本为负。这是很大的优点。

我们从消费终点开始了废物管理行业，我们早就发现这个市场非常巨大。比如说，新泽西的垃圾填埋场接受一吨垃圾平均收费 50 美元。在全美国范围内，美国人每年产生的垃圾大约有 120 亿～140 亿吨，其中 80%以上为有机垃圾。也正是这些被压缩在垃圾填埋场的有机材料产生了大量的甲烷，使臭氧层遭到破坏，全球变暖。我们规划的远景呢？美国人每年大约支付一万亿美元来处理潜在的有害垃圾，而这些垃圾可以喂给蚯蚓。

换句话说，如果有人用蚯蚓堆肥造出什么了不起的东西，他就能够帮助地球，而且是以负一万亿美元的原材料成本起家。

我和乔恩对写企业规划书都一窍不通，但我们决定一边干一边学。为了帮助自己，也为了让聚会有趣刺激，我们请来了八个最亲密的朋友，一起开始写企业规划书，我们称之为“蚯蚓计划”（Worm Project）。我们的模式就是通过回收大量垃圾，把垃圾喂食给大量蚯蚓来赚得巨额利润。一旦蚯蚓完成了工作，我们就可以把蚯蚓堆肥卖给农民和园艺师。

下一步就是出去看看有没有已经在运作的类似企业。令人吃惊的是，我们调查了整个蚯蚓养殖行业，发现由于格雷格·布拉德利（Greg Bradley）实施的可怕的金字塔形骗局，这个行业完全处于蹒跚而行的状态。布拉德利是 B&B 蚯蚓养殖公司的经理，他创办这家公司只有两年时间。

B&B 公司是这样运作的：在小城市里举办讲座，宣传养殖蚯蚓带来的奇妙好处。布拉德利给听众介绍相关的知识——红色的蠕虫是一种用来生产堆肥的特殊蚯蚓，它们不仅以惊人的速度分解垃圾，而且每过 90 天繁殖的数量就会翻番。这是准确无误的。不过，他接着说，他已经和塞拉利昂以及俄亥俄州的一家大型养鸡场签订了利润丰厚的合同，为了履行这些合同，他需要很多很多蚯蚓。

带着这个故事，布拉德利在全美进行搜索，寻找那些想快速致富并愿意出钱为他养殖蚯蚓的农民。计划很简单。农民们需要投资大约三万美元以购得 3 000 磅的蚯蚓（大约有 300 万条蚯蚓），另外的三万美元用来给蚯蚓建房。每 90 天，蚯蚓的数量就会增加一倍。布拉德利保证，他将以同样每磅十美元的价格回购增加的蚯蚓，以供应给全世界的那些大买家。所以，他向农民们解释说，养殖蚯蚓可以让他们每个月轻松地赚到一万美元左右。

布拉德利还讲了不少成功的例子：阿肯色州康韦的戴维·怀特（David White）投入 5 000 美元，赚回 87 569 美元！密苏里州皮丘利尔的道格（Doug）和霍利·斯塔克（Holly Stark）也投入了 5 000 美元，赚回 82 610 美元！

你可能猜到了这个故事的结果。后来，人们知道了根本就没有什么和塞拉利昂签订大合同的买家（自己想去吧），从戴维·怀特、道格和霍利·斯塔克那里购买蚯蚓的买家不是俄亥俄州的养鸡场，而是下一拨被布拉德利说服开始养殖蚯蚓的农民。这个典型的庞氏骗局最后让布拉德利从 2 900 多名客户手中净获利 2 900万美元，而那些客户几年后却陷入了困境之中，因为 2003 年 1 月，布拉德利因吸食过量的可卡因身亡。

时至今日，在蚯蚓养殖圈里依然存在着大量的猜测：布拉德利是否真的死了，他是不是导演了自己的死亡而逃到加勒比海的某个岛上了。我们也许永远不得而知。但有趣的是，就在布拉德利“身故”的同一个月，TerraCycle 成立了。

B&B 公司留下的残局使这个行业没有任何的竞争。其他的竞争者是垃圾填埋场，不过我们计划和它们拼价格，因为我们会从另一端也就是销售堆肥中赚钱。此外，垃圾填埋场的名声不好，因为人们知道它们破坏环境。世界上最大的垃圾填埋场“清泉”垃圾场（Fresh Kills）几个月后就要关闭了。显然，既能取代垃圾场又能赚钱的方法是会受到欢迎的。

另一个可能的竞争来自工业堆肥场，它们负责回收家庭堆肥箱，并把箱子扩大几千倍。和我们的经营模式一样，堆肥场赚钱的方法是回收垃圾，把垃圾转化成可以卖给农民和园艺师的环保成品（堆肥）。所以说，堆肥处理的经营模式和我们的“蚯蚓计划”几乎完全一致，只是有两点不尽相同：处理废物的时间长短（我们的要快很多）和产品质量（我们的要好一些）。

不用蚯蚓处理堆肥需要6～10个月的时间，相比之下，用蚯蚓处理堆肥仅需要1～2个月，而且需要的空间小很多（大约节省90%以上的空间）。最大的工业堆肥场位于艾伯塔的埃德蒙顿，占地有七个足球场那么大。此外，固体蚯蚓堆肥的市场价格几乎是堆肥的100倍。我们模式的最精华的部分是什么？蚯蚓堆肥法如同它的名字一样实际上是无气味的，而普遍堆肥法却不是这样。

可以想象，我们都极其兴奋。

这时我们也发现，多数用蚯蚓来处理堆肥的人都是在盘子里进行的，和皮特在蒙特利尔时的做法相同。需要处理的垃圾越多，需要的盘子也越多。即便是多数以前给B&B公司养殖蚯蚓的那些资深的养殖户（我们招募他们做顾问）使用的也是由几百个盘子组成的系统。所以，当检查情况或者照料蚯蚓时，他们不得不用铲车把盘子铲起来。请注意，比较简单的办法就是，把有机垃圾堆在地上，把蚯蚓倒到顶上，等两个月，然后把蚯蚓和它们产生的粪便分开。

因为我们看到所有垃圾填埋场都要转换功能，这提出了一个严肃的物流问题。所以，我们面临最大的挑战就是找到快速有效的方法来大规模生产和收获蚯蚓堆肥。我和乔恩设计了一个又一个系统，但似乎都不能完全适合我们宏伟的计划。离企业规划大赛的最后期限越来越近，如果我们搞不出经营模式的这个部分，我们就没有机会了。

如同很多伟大的（和并非如此伟大的）想法一样，问题的答案是我坐在马桶上突然想到的，当时我在想，靠近自己的粪便是多么可怕的事情。我琢磨着：蚯蚓的感受是不是也一样呢？

这需要如厕之后作大量的集体讨论。“我想象不出有什么动物喜欢靠近自己的粪便居住，即便是在粪便附近。”我告诉乔恩。

他表示赞同。“得找个办法研究研究。”

我们思考了一会儿。

“把蚯蚓放在传送带上怎么样?”

“一直保持运行……”

“在传送带的一端，我们放上有机垃圾，蚯蚓慢慢地爬向它，一路上吃掉所有东西，留下的是……”

“粪便！这就像生产粪便的踏车！我们只不过让传送带运行的方向与蚯蚓爬行的方向相反，它们的粪便就会落到传送带的另一端。”

“就是这样!”

两个月后，我们团队完成了100页的企业规划，详细展示了“蚯蚓计划”将解决世界垃圾填埋的问题。方法就是每年把几十亿吨的有机垃圾转化成蚯蚓堆肥，而且两头赚钱。2002年1月的一个深夜，我们把企业规划书打印出十份（打印纸用光了两次），并装订起来。这时我们唯一没有意识到的事情就是，我们已经错过了最后的截止日期，一天前就已经到期了。

每年美国有两百多次企业规划大赛，它们都遵循一样的基本做法：要求团队提交企业规划书，如果规划得到一组风险投资者和成功企业家的认可，团队就会被邀请去作15分钟的陈述，这个时间是严格限定的。

普林斯顿大学企业家俱乐部没有嫌我们晚，同意考虑我们的规划。我们等到3月份，评审还没有结束，此时，我们的团队只剩下三个人了——扎克·费根（Zack Faigen）（我们四位室友中的一位）、乔恩和我。我们意识到，其他人都不打算从事蚯蚓堆肥业，他们只喜欢创业的新奇想法而已，并不想真正干起来。

评审第一轮挑了15个团队来陈述他们的构想，在这些主题中，有的是关于交换学生家具的，有的是让学生在课堂上给老师发短信提问以取代举手的。有些构思比较有新意，其他的一般。

由于我们在企业规划书上倾注了大量的精力，坚信仅凭它的优点就能够胜出，所以对陈述并没有太在意。此外，所有内容在长达 100 页的计划书中都一目了然，所有评委都必须阅读，故此，我们作了即席陈述。我们智慧巧妙的想法得到了肯定，第一轮评出了四个最佳项目，我们的“蚯蚓计划”名列其中，角逐最后一轮比赛。

我们预测，会稳操胜券。

结果，我们站在了胜利者的行列。不过令我们感到意外和郁闷的是，评委们只大致看了我们的规划书，给他们留下深刻印象的不是规划书的内容，而是它的纸张重量和规划的小规模。他们就是仅凭这些优点把我们推到了最后一轮。当尘埃落定的时候，我们发现自己名列第四——唯一进入决赛的没有奖金的团队。

那天晚上，扎克、乔恩和我在寒风中疲惫地走着，羞愧地低着头。我抱怨说：“我不明白，我们的企业规划书构思巧妙，我们考虑了每个环节。为什么没有赢呢?”

那两个人耸耸肩，极力让我高兴起来。也许他们是对的。也许我需要改变一下，考虑考虑别的东西——除了蚯蚓之外所有的东西！我意识到，这些天除了进行期中考试和竞赛，我几乎没怎么吃东西。我建议去吃牛排。

当我要的 T 骨牛排端上来的时候，我一直感到疑惑的问题的答案就像一吨“堆肥”砸了下来：我们永远没有机会赢得那场比赛！“牛排和‘嘶嘶声’，”我大喊，“我明白了牛排和‘嘶嘶声’的区别!”

乔恩和扎克抬起头来。“啊?”

“伙计们，我们的计划就是牛排。一块美丽的牛排，但仅仅是牛排而已!”

“所以?”

“所以他们不需要牛排，”我解释道，“他们需要‘嘶嘶声’。

他们让我们根据规划把‘嘶嘶声’卖给他们。”

乔恩笑着说：“我懂了。评委们不可能劳神去读规划书，因为我们做了一件没有价值的事情——向他们解释计划。”

扎克点点头说：“卖‘嘶嘶声’，就是15分钟的事情。进去把所有东西都整齐地装起来。让人们在15分钟内对我们的规划兴奋起来。”

乔恩表示赞同。“确实，如果我们不能让像‘蚯蚓计划’这样的革命性想法运作起来……如果我们不能说服人们去购买它，这样的想法又有什么用呢？”

尽管在那个寒冷的3月，我们在普林斯顿大学企业规划大赛中失利，但我们得到了更有价值的东西：我们明白了对牛排“嘶嘶声”的需求，这个教训我们会在毕生的职业生涯中牢记。我们弄清了失利的原因，但是不是已经为时已晚？

生活继续着——读书、学习、聚会，但我无法忘记“蚯蚓计划”。无论我怎样努力去忘掉它，好像就是做不到。我曾经用一段时间为学校的一个戏剧俱乐部画海报，即便如此，我也无法忘掉“蚯蚓计划”。我和罗宾聊了一点这方面的话题，他喜欢古怪的想法。通过聊天，他被完全说动了，准备以销售堆肥为生。然而，除了我们共同拥有热情之外，加上我在宿舍的一个鞋盒子大小的容器里养了2 000条蚯蚓，我们都不知道如何把这个想法变成现实。

幸运的是，乔恩也没有忘记“蚯蚓计划”。在上网的时候，他搜到了收集蚯蚓堆肥的产业规模系统——哈里·温德尔的蚯蚓堆肥机。我和哈里说话的那一刻，我就知道他是个十足的疯子，但属于我们这类的疯子——疯狂的发明家、疯子科学家，他现在正在制造大型的蚯蚓堆肥机和堆肥筛。哈里的系统和我们的想法一样，都运用了传送带原理，只是他把这个理念上升到一个全新水平——确实如此。哈里的蚯蚓堆肥机拥有多层传送带，占用的空间仅是我们想象的1/10。

“蚯蚓计划”又开始启动了，我兴奋不已。我很快和哈里谈好交易：他同意给我们建造一个处理普林斯顿大学垃圾的系统；他答应给我们半价——仅两万美元。不过，我和乔恩都没有两万美元，就连 5 000 美元也没有。

我和乔恩浑身充满了力量，我们着手解决下一步：从哪里弄来喂食蚯蚓的垃圾呢？幸运的是，我们很快有了答案。我们开始游说普林斯顿大学，让我们在即将到来的暑假期间处理学校食堂的垃圾。我们开始做食堂管理者的工作。谈了五次之后，他同意了，即我们签约整个暑期，每天运走威尔科克斯食堂的垃圾，晚上把空的垃圾桶送回去。

接下来，我们还要去行政大楼，争取得到整个暑期接手垃圾的许可。谈了不止五次，他们同意了。随后，我们还要去土地管理部门，让他们提供放置蚯蚓堆肥机的地方。你猜对了，又谈了不下五次。等了那么久，不过我们在磨炼我们的推销方式——为了给牛排一个机会，我们销售“嘶嘶声”。

到了第 13 次，我等不及了，因为学校就要放假了。我打电话给哈里，让他动手给我们制造蚯蚓堆肥机。我们决定购买我们买不起的机器，我们这是在冒险，不过我们相信“蚯蚓计划”，并愿意为它的实施作出一切努力。我们也将明白这个道理：有时它的索取超出了你的给予。

还有两周本学期就要结束了，这时我们终于接到了学校的官方通知。为了良好的信誉，我和乔恩把各自的钱放在一起（总共 5 000 美元）寄给了哈里做首付。他说 6 月中旬机器就会做好。接下来，我打电话给高中时最好的朋友安东尼·格林，他答应把他在成年仪式上得到的 5 000 美元借给我们。紧接着，我拿父母给我的信用卡进行了最大额度的透支，然后给他们打电话借了剩下的钱。一个月内，我凑齐了所需的两万美元。

一时兴起，也为了确认哈里做事妥当，我决定在放假的前一个周末去趟佛罗里达。我约了诺埃米·米尔曼与我同去，她是一个月前加盟进来的戏剧专业的大四学生。我的钱只够租车 48 个小时，而诺埃米是一个典型的纽约人，没有驾照，所以我不得不自己开20个小时的车到佛罗里达。

路上，我和诺埃米一起给公司起名字。我们开玩笑地提到了几个著名的名称，如Gia Green、Magic Worm和TerraPoop。当我们从佐治亚进入佛罗里达的时候，我们锁定了TerraCycle。不久，我们到了哈里的家，房子坐落在沼泽地中央。哈里骄傲地把我们介绍给他的奶牛贝西，这头奶牛一直享有"环保除草机"的美誉（我们第二次来的时候，贝西成了我们的盘中餐）。我们在外面溜达了四个小时，相互了解，谈论蚯蚓堆肥机的事，随后按原路返回，又是一个20小时的车程。我们好不容易在租期结束之前赶了回来，不过违反了交通规则，当时我让诺埃米开了一会儿车，因为这总比让我趴在方向盘上睡着好。

四周后，我们的新朋友哈里带着我们那全新豪华的蚯蚓堆肥机来了。12个小时之后，诺埃米甩手不干了。

乔恩辞了在马里兰州的工作跑来救急，帮助铲掉我们现在必须处理的正在腐烂的垃圾。为了庆祝创业开始，我们举办了一场疯狂的聚会，把所有普林斯顿大学的人和媒体都请了来。我们邀请了一位了不起的艺术家拉什卡（Rascal），他给正在运行的堆肥机涂了油漆，来的人中还有一位艺术家兼摄像师吉姆·巴德曼（Jim Budman），也就是绿适服装公司的创始人之一迈克尔·巴德曼的弟弟。大家玩得都特别开心，啤酒也喝多了，睡下时已经很晚了，不过这让我们在当地媒体中有了一点名气。

但在很大程度上，6月过得很黑暗。我们旋风般地购买了蚯蚓堆肥机，说服普林斯顿允许我们做自己的事情，但我们没有计算自己食宿的费用，结果发现自己要破产了。那一周睡在朋友宿舍的地板上，四处寻找吃的东西。早上起床后，我们去食堂收垃圾，把它们运到蚯蚓养殖场。把垃圾粉碎之后再铲到运转的堆肥机里，直到下午两三点钟。6点左右，我们把所有的垃圾都放入了堆肥机。接下来我们去吃晚饭，然后跑企业的事情。我们把企业规划书送给了每一个我们能够找到的风险投资机构，希望能够得到一些赞助，然而得到的只有一连串的回绝。

暑期慢慢地过去，情况变得越来越黯淡。对我来说，唯一的休闲就是在吉姆·巴德曼的 SOHO 工作室里度过周末，或者去逛纽约。7 月末，我们真正做到的就是证明蚯蚓堆肥机确实在发挥作用，生产了大量的排泄物。然而，计划的其他部分彻底失败了。我们收走别人的垃圾没挣到一分钱，也没有卖掉一磅的堆肥。没有必要再装下去了——“蚯蚓计划”根本没有成功。

记得那个晚上，我终于十分清醒地认识到了这一点。当时我躺在地板上睡不着，心里想着如何向所有借钱给我们购买蚯蚓堆肥机的人解释，心里如同打翻了五味瓶。第二天吃早饭时，我和乔恩进行了一次严肃的谈话，我们决定在 eBay 上出售蚯蚓堆肥机，用这笔钱去还掉部分债务。我呢，只好在接下来的三个暑假里去投资银行工作，以还完剩下的债务。

碰巧，就在那天上午，按照事先的安排，我和乔恩要在一个地方电台访谈节目里就“蚯蚓计划”进行现场解答。我们觉得这个方式很好，决定不取消节目，也许能在 9 月份开学之前成功完成我们的蚯蚓堆肥企业的实验。所以，在 8 月初的那个晴朗的早上，我们开着忠心耿耿的老货车去了位于新泽西州新不伦瑞克附近的 WCTC-AM 演播室。我和乔恩详细地向早间节目主持人伯纳德·斯普林格（Bernard Springer）讲述了我们的故事，从我们在蒙特利尔第一次感到惊讶的时刻到企业计划的彻底失败，从处理食堂垃圾被拒的悲哀，到生产出蚯蚓堆肥时的苦与乐。半个小时的访谈瞬间就过去了，我们走出来时，手里握的是节目的录音带和一个即将关闭的企业。

当我们回到普林斯顿的时候，我的邮箱里有一封发自休曼·辛哈（Suman Sinha）的邮件。这类邮件往往被人们视为垃圾邮件而自动删除，好在我没有这样做。

我打开邮件，擦擦眼睛。

上面写道："我想投资。请联系我。"这几个字将让"蚯蚓计划"起死回生。

那天晚上，休曼、乔恩和我在当地的一家餐馆就餐。休曼是个了不起的人，他有钱，也具有企业家精神，正等合适的项目进行投资。他对"蚯蚓计划"的环保优势比较感兴趣，同时也认为它能够盈利。吃完饭后，我们开车去了校园的大南边，带他去看蚯蚓堆肥机。我为他详细介绍了堆肥机工作的原理，然后，我们就静静地站在那儿，看了堆肥机好一会儿。终于，休曼拍了拍我的肩膀。

"那么……你需要多少钱?"

"你有多少钱?"我的心剧烈地跳着，几乎听不到自己的声音。

他爽快地笑了。"2 000 美元怎么样?"

"很好。"我不假思索地说。

"听起来不错。"他说，随手签了一张支票。

第三章
艰难时势

休曼的投资虽不是一笔巨大的财富，但足以让我们有时间为重新部署作准备。很快，我们就没有地方住了。租住那个宿舍的朋友在开学前两周离开了。所以，那个早上，我们在兑现休曼的支票之后去了房地产中介，开始寻找马上能住的地方——公寓、办公室，什么都行。

最后，我们在普林斯顿大学对面的拿骚大街，也就是普林斯顿主街上找了一个地下办公室，距离蚯蚓堆肥机有半英里远。办公室有一个主房间，两边各有一个小办公室。这两个小办公室成了我们的卧室。我和乔恩每天仍然铲六个小时的垃圾，不过我们可以在体育馆里淋浴和做饭……唉，谁想做饭呢？房间里有一个小水槽，这样我们可以刷牙了。我们知道，几周后就可以搬到大一学年结束时挑选的宿舍了。

办公室并不完全是清水房，但也需要刷漆，最需要的是家具。办公家具很贵，我们把休曼的钱大部分都用来租房子和交定金了，一件家具也买不起。但我们盘算着，普林斯顿大学校园的某个地方肯定会有人改建办公室，他们会怎样处理旧家具呢？

于是，在安顿完的第二天，我和乔恩在校园里到处溜达。果然，在校园商业杂志社《今日商业》（*Business Today*）外面有一堆办公家具。我们问修建办公室的人，怎样处理家具，他们说要扔掉。对他们而言，这是垃圾，即使我们把家具拉走，他们也根本不在乎。不过平心而论这也正常，毕竟我们身处废物管理行业。寻找垃圾是我们的工作。

就这样，我们开着那辆老掉牙的货车，装上了桌椅、台灯、文件柜等所有我们认为需要并且能够拉走的东西。办公桌是金属的，很旧，也很沉。我们不仅要把它们装上车，卸下来，而且要搬着它们下一段台阶，安置在办公室里。不过好在我们没花一分钱就得到了所需要的一切。

当时，“零”对我们来说是一个重要的数字。我们的工作人员是零，客户群是零，收入是零，不用说，薪水也是零。当我们有时间又不累时，我和乔恩就去寻找创业资金，把我们的企业计划书送给每一位我们能够找到的投资者。不过遗憾的答复是——你猜对了——零。我时常给罗宾·塔特打电话，向他咨询处理事情的方法或者直接问他的想法，或者就是为了他的热情而打电话。他经营着两家公司，一个模拟营销企业，一个冰激淋企业，所以夏天他很忙。不过凭我们在一起的经历，只要时间允许，他会帮忙的。事实也确实是这样，身在多伦多的他尽可能地帮助我们。我们仍要努力建立废物管理企业，但目前情况表明，这方面没有收益。为了真正盈利，我们必须加工出成千上万吨的垃圾，这意味着我们需要几十个员工和蚯蚓堆肥机，当然，还有数百万条蚯蚓。

我们已生产出很多蚯蚓堆肥，一袋袋地竖立在办公室周围。感谢上帝，它没什么气味。8 月的普林斯顿热得如同蒸汽浴室。

带着些许遗憾，更带着宽慰，我们关掉了蚯蚓堆肥机，把所有蚯蚓用盒子装起来，放在了办公室里。因为蚯蚓堆肥机需要大量的垃圾，而我们只约定在整个暑期处理食堂垃圾。不过，我们已经证明堆肥机能够非常好地生产堆肥，而且每个用过我们堆肥的人都称赞它的功效。

接着，一封信从天而降，写信的是总部位于多伦多的 Tropika 国际集团。经营该集团的有两个人：一位是四十几岁的约翰·利特曼（John Litman），他是一个热情的人，还有一位是年轻一点的丹尼尔·波普（Daniel Pope），负责公司的财务工作。他们决定为 TerraCycle 找到投资者，这样我就可以开展业务了。对于我来说，这简直太棒了。除了休曼之外，这是第一次既不是朋友、同学，也不是记者的人对 TerraCycle 表现出浓厚的兴趣。这种认同是我以前没有遇到过的。他们邀请我去多伦多，这样我们可以面对面地谈条件。我迫不及待地去了。

第一次参观 Tropika 的感觉令人备受鼓舞。办公室很大，摆放着崭新的办公家具，设备齐全。我的企业及其前景似乎令约翰十分兴奋。他问我需要多少钱，我说两万美元左右（当时主要想要还清信用卡账单）。我们开了一个银行账户，添上了约翰的名字。我们甚至还往里面存了一点儿钱。

他们也愿意借给我们办公的地方，让罗宾和萨姆·奥尔特（Sam Ault）使用。萨姆也是一位加拿大人，他是在普林斯顿大学企业规划大赛上听说“蚯蚓计划”的。当时他想集中精力完成在普林斯顿的学业，不过他请我吃过饭，说他想在 6 月份毕业后和我们一起干。休曼给我们第一笔创业资金的时候我就打电话给萨姆，让他开始进行企业规划。现在，我们真的成了国际企业，在多伦多和普林斯顿都设有办公地点。我情绪高昂地离开了多伦多，急切地想开始工作。

显然我们需要赚钱，于是我们挖空心思考虑能做什么。也许我们最有可能成功的就是，从路易斯安那州请来朋友格兰特给人们理发。在普林斯顿，没有什么地方能让学生理个漂亮的发型。年纪大一点的人有很多理发的去处，但当学生们听说“路易斯安那的明星美发师只来一个周末”时都疯狂了，这的确是个绝妙的营销策略。格兰特从洛杉矶赶来，我们把这宣传成一个特殊的周末，限时的机遇，满校园做广告。好家伙，来了几百名女生，整个周末每30分钟，格兰特就接到一次预约。结果，我们用赚得的钱付了房租。

那个学期的大多数周末我们都在办公室举办聚会。我们找到了一个独一无二的公式，每次运用时都像施魔法一样。我们弄来一块3英尺宽、18英尺长的帆布，挂在办公室的墙上。我们提供罐装油漆、啤酒、点心什么的，放在地板上，并邀请了很多朋友。我们建议大家在帆布上涂画，想怎么涂就怎么涂，以前做没做过都不要紧，这可是特别有趣的游戏。我们强调说，技术和才华在这里并不重要。

有时候我们先来，有时候别人先动手，慢慢地，人们开始玩起来。接着，有趣的事情发生了。每当帆布画满的时候，大家就开始彼此涂鸦。很快，他们的衣服都被涂满了。接下来，他们把衣服都脱了下来，把自己的皮肤当成了帆布。每次都这样！于是，我们发现另一个在办公室搞艺术的公式：艺术＋酒＝裸体的人们。我和乔恩骄傲地把公式写在了墙上。

这些聚会至少有一个积极的商业结果。在常来的人当中有一位名为希拉里·伯特（Hilary Burt）的大四学生，如同她喜欢聚会一样，她也喜欢TerraCycle的整个氛围。她每周花四五个小时来办公室帮助我们。她支持TerraCycle的力度如此之大，她甚至说服了她的父亲投资6 000美元给我们。

就这样，我们付了前几个月的房租。开学了，我遇到了新问题。乔恩是个很专心的学生，这一点比我强很多，上课成了他的优先选择。我本来也应该多学习，但TerraCycle的发展潜力是一个更强大的推动力。我依然对创立一个大企业来极大减少填埋垃圾的可能性感到兴奋。整个设想如此美好，我根本丢不下。此外，我也不是在单打独斗。

《纽约时报》在商业版刊登了一篇关于我们的文章，把我们称为“普林斯顿的成功故事”（原标题是“‘无脊椎的员工’——大家都喜欢蚯蚓”）。还有一些当地媒体的报道文章，当然，还有那个让休曼加盟的广播节目。我们收到了来自世界各地的咨询，包括巴巴多斯岛、匈牙利、日本和阿联酋。这种情况让我感到，我们的独创想法确实能激发人们的想象力。《Inc.》杂志看到了一些报道，还派了一位记者来采访我们。

初秋，我问罗宾是否愿意抽出点时间到 TerraCycle，我以企业股份作为回报。秋天来了之后，加拿大的天气就凉了，他的冰激淋生意也要冷清了。他说自己会在其他计划和 TerraCycle 之间平衡时间的。他每隔一周来一次，睡在办公室，帮助我们的企业立足。

我们最大的变化是弄清楚了自己所处的行业是什么。关于创业精神（包括对生活），我们领悟到了这样一个重要道理：当做某件事行不通的时候，就去做其他的事情。我们在校园外还没有找到愿意付钱让我们收走有机垃圾的人，显然我们找不到了。我们所拥有的一切就是一袋袋堆在地上的绝佳的肥料。

如同垃圾一样，肥料也是多数人不愿提及的话题，但它是我们社会和经济的基本组成部分。2001 年，美国消费者在草坪和园艺上的支出为 377 亿美元。在这个市场上，为栽种植物而使用的肥料、各种土壤和混合物的费用估计有 60 亿美元，并以每年 5％的速度递增。几乎 60％的美国人每年要购买某种化肥或者植物肥料。更令人乐观的是，这个行业的植物肥料正以相当于化肥两倍的速度增长。

蚯蚓堆肥所含的钙是它周围土壤的二倍，镁三倍，氮五倍，磷七倍，钾 11 倍。氮是健康植物体内的重要成分，具有能够促进叶子生长，帮助合成蛋白质以及其他十分重要的促进植物生长的功能。尽管氮对植物生长非常关键，但多数植物都不能从自然形成的混合物里吸取氮，除非与钙同时进行大量的补充。蚯蚓不仅在粪便中提供额外的氮，而且还含有帮助处理钙的钙腺。此外，蚯蚓堆肥能够向泥土中添加活跃的微生物和细菌，这对土壤的健康非常重要。因此，蚯蚓堆肥不仅在喂食植物，也在培育土壤。

我们一直幻想着把蚯蚓堆肥作为肥料进行销售，然而我们认识到，现在应该专攻这个问题了。蚯蚓堆肥是我们拥有的产品，我们决定卖掉它。从某种意义上讲，那是个解放的时刻。一旦我们抛开这个行业废物管理的焦点问题，我们就能锁定销售蚯蚓堆肥这个问题：如何包装，如何营销，如何销售。我们的首次尝试现在看起来相当悲惨：我们把蚯蚓堆肥装在袋子里，上面写着“纯蚯蚓堆肥”。黑色的字体映着白色的背景。毕竟，我们是前沿的环保企业，花哨的包装和大量的漫画不是我们的风格。我们穿着牛仔裤和 T 恤衫，拎着用塑料袋装的蚯蚓堆肥开始了销售之旅。

我们的想法是：客户只是简单地把我们的蚯蚓堆肥铲出来，撒在花园的周围，与处理一袋花土或者堆肥的做法一样。我把一些袋子放在了客货两用车（这辆车是那个夏天我父母给的）的后面，然后把车开到当地的五金商店和植物店门口。我走进商店，店员问我：“有什么我可以帮助你的吗?”我直入主题，说我有一个非常独特的产品，希望他们购买等等。通常他们会打断我，说等经理在的时候再来吧。

最后，我变聪明了，在去商店之前打个电话确认，这样我起码可以和作购买决定的人直接交流。我滔滔不绝地讲着，接着我把蚯蚓堆肥从车里拖出来。有些人会当面嘲笑我，有些比较有礼貌的则暗示，很难卖掉真正的蚯蚓堆肥，因为包装看起来不太专业。

显然，我们需要花一些时间来考虑包装的问题。尽管蚯蚓的排泄物无害，而且从某种意义上讲，相当干净，但人们显然不想和蚯蚓直接排出来的、处于原始状态的堆肥有过多的接触。罗宾的专业背景是营销，他想出了一个主意，把蚯蚓堆肥做成喷剂，大家都觉得这会对消费者和商店比较有吸引力。

这个建议相当了不起，因为它不仅易于被消费者接受，而且与固态肥料相比，液态肥料具有很多优势。首先，把排泄物液化会让它们渗透得更深（当时我们没有这么高的要求）。其次，把液态肥料喷洒在植物的叶子上可以减少叶子受病的几率，增加植株吸收的养分（因为植物表面的面积比较大），并且更快地分解毒素。最关键的是，一些研究表明，液态肥料能够提升营养的质量并改善蔬菜的味道。

当然，我们谁也不懂如何把蚯蚓堆肥进行液化。于是，我们去互联网搜索。我们发现，使用植物肥料的园艺师都知道蚯蚓堆肥液，而且他们有各种各样的制作方法，至少是小规模的制作。

制作液态蚯蚓堆肥不难，也不需要昂贵复杂的机器。基本的做法是：拿个塑料桶，把蚯蚓堆肥倒在里面，然后在里面放一个（或者几个）带气泵的管子，在桶里面装满水，开动气泵，这样就会持续不断地使混合物充满气泡。空气的要义是：致病的细菌不能在空气里存活。只要堆肥液中有大量的空气，对植物来说不仅有益，而且极其安全。

大概一天以后，将一些糖或者糖蜜倒在已经做好的蚯蚓堆肥液里，倒的时候中间铺一层粗棉布或者尼龙袜就可以了。也就是说，如果你是侍弄自家花园的，现在就可以着手实践了。如果是像 TerraCycle 这样的企业，则需要把堆肥液装入某种消费者可以使用的容器里。我们决定把堆肥液放在容积为八盎司的塑料喷瓶里，瓶子是我们买来的，贴上不同的标签（仍然是我设计的），印上新名字——TerraCycle 植物肥料。麻烦的是，一旦把堆肥液装入瓶子里，里面就没有空气了。这就意味着有害的细菌开始在里面生长。此外，这也意味着，如果你是 TerraCycle，你必须在 24 小时之内把已经装瓶的堆肥液卖掉。

这是个问题，不过起码我们现在有了可以销售的产品。

10 月中旬，《Inc.》杂志的第一篇文章登了出来，引起了轰动。上面有我的大幅照片，坐在一堆蚯蚓堆肥前面，背景是办公室的涂鸦。接着又登出了关于 TerraCycle 的文章和我的大幅照片。另一版的大部分篇幅都是一些风险投资者和《蚯蚓文摘》（*Worm Digest*）的编辑对 TerraCycle 企业规划的评论。

给人的整体感觉是：TerraCycle 是一个很大的生意。我们的长期目标被明确地表述为："到 2010 年，成为占主导地位的别样废物管理公司，在全世界有 30～100 个蚯蚓堆肥机运转。"自然，我们最热切的期望就是企业的壮大，比如如何在下一年实现 250 万美元的销售额。换句话说，我们说的也是每个雄心勃勃的企业家要说的。总而言之，这是个神话般的增长。即使有 3/4 的人认为我们会失败，我也不在乎。重要的是，该杂志刊登的文章极大地提高了 TerraCycle 的知名度。

当约翰·利特曼打来电话的时候，我更充满了希望。尽管我从萨姆那里得知，他和丹尼尔·波普一直在帮我们进行企业规划，但我已经好几个月没有他的消息了。现在，他突然带来了投资者——一位移民到荷兰的加拿大人——投资的四万美元，因为他认为我们的理念很特别，也很有趣，而且也认为保护环境越来越重要。实际上，钱已经打到我们的银行账户里了，我欣喜若狂。约翰让我再去多伦多一趟，敲定一下出价的条件，商讨如何组建公司。

一切都进展顺利，所以当罗宾周日打电话给我，建议把银行账户上约翰的名字拿掉的时候，我有些迷惑。我问他为什么这么做，他只是说，他觉得这么做好，待我到了多伦多再详细告诉我。我到了那儿已经很晚了，周一早上我做的第一件事情就是去银行，按照罗宾的建议做了。

当我和约翰、丹尼尔见面时，他们开口就说，由于我们现在有别人的钱注入 TerraCycle，我们必须以不同的方式组建企业。我当然明白，我们必须给投资者股份，然而约翰的暗示似乎并不仅仅是这些。他决定介绍一个有“真正经验”的人当CEO。因为我只有20岁，没有任何“真正经验”，这个说法在某种程度上有道理。不过，我们必须给这个新人很高的薪酬，而直到现在，我们还没有一点儿真正的收入，也没有给过任何人任何报酬。那时，我只希望能给萨姆一点儿薪酬以维持生计。

这个讨论进行了一两天。当我看见所有人员的时候，我明白了，显然，他们的真正目的是让 Tropika 把公司从我们的手上拿走。我和罗宾将不得不放弃公司的大部分股份，实质上也就失去了在 TerraCycle 发展方向和业务上的发言权以及其他权利。如果公司获利丰厚，我们当然会很好过，但它不再是我们的公司。

我回到家，和罗宾、萨姆谈了一个晚上。显然我不想放弃公司，罗宾也不想。萨姆呢，由于他工作的地方离我们比较远，而且就在那些人的身边，事情这么快地变糟，他有些困惑。我们和约翰商讨了一些合作的方式，提出了一个不涉及我们放弃 TerraCycle 的折中办法，但他们都拒绝了。我不得不孤注一掷了。

第二天，我直截了当地告诉约翰，我们不能按照他的建议做。他暴跳如雷——我怀疑他从未想到我们会放弃这个交易。我离开他的办公室，前往我住了一周的地方。这时丹尼尔·波普追了上来，试图把问题化解。但我想，他明白分歧是根本性的，没有任何办法往下谈了。我们都尽量乐观地看待这个残局。

他们不必告诉我们，我们不再受欢迎，可他们还是这么做了。罗宾仅在他们办公室停留了片刻，而萨姆也在第二天就从办公室里搬了出来。当我回到普林斯顿的时候，我接到了约翰的电话，他歇斯底里地问我银行账户的事。他不停地喊着，我没有权力那么做，那是 Tropika 的钱等等。与此同时，我们给那位投资者打电话，与他谈了整件事的情况。他非常和善，让我们把钱留着。他不怎么在意 Tropika，但他喜欢 TerraCycle 和它所代表的理念。所以我们没有完全失败。

作为完全超乎常理的褒扬，几个月内，Tropika 就把自己重新打造成蚯蚓堆肥公司。目前，他们以“CSRplus 蚓粪实业有限公司”的名义提供把有机垃圾转化成蚯蚓粪便的信息和产品。他们的网站甚至宣称与我们有联系：“我们最初的蚓粪企业曾为 TerraCycle 制定和完善企业规划，这是一家早期就开始从事大规模生产和零售蚯蚓堆肥液（从蚓粪加工过程中获取的液态植物肥料）的企业。使用先进的蚓粪技术，把本应该填埋的有机垃圾在三周之内转化为液态植物肥料。”不信的话，你用谷歌搜索一下，现在还能搜到。

难以置信。

这是疯狂的一年——令人精神振奋、令人疲惫不堪、令人困惑不解、令人失望心凉、令人战战兢兢。总之，这一年充满挑战，丰富多彩。我知道，我们必须回去尽快地筹钱。

第四章 胡萝卜与大棒

企业几乎支付不起下个月的租金，拥有的一款产品耐储时间只有24小时，如果这些还不够的话，我还必须作出有关学业的决定。整个秋季，我一边努力经营TerraCycle，一边做全职学生。渐渐地，我便力不从心了，常常是人在课堂上，心在课堂外。普林斯顿不允许半日制的学生，所以随着学期的结束，我必须作个决断。我决定从普林斯顿大学退学。

在创业初期，另一位给我们提供关键帮助的是普丽西拉·海斯（Priscilla Hayes）。她是镇上的固态垃圾管理员，她把我们介绍给了罗格斯大学（Rutgers University）的环境研究推广中心（EcoComplex）。该中心成立的时间和TerraCycle差不多，是在2001年4月，目的是"研究环保企业的做法并向人们传授这方面的知识"。公司位于博登敦镇资源回收综合大楼（换个说法："城市垃圾填埋场"——名字好听吧?）。因为成立公司的目的是开发"革新的环保技术"，TerraCycle完全适合它。实际上，有一段时间，我们是他们唯一的项目（我猜想，也许是因为其他人不像我们这样喜欢在垃圾填埋场工作）。在环境研究推广中心，我们又可以架起蚯蚓堆肥机了。我们同意迁入，随后我们发现自己是这个孵化器里唯一的成员。

比尔·吉勒姆（Bill Gillum）（加入 TerraCycle 的第二个 25 岁以上的人）主动请缨，让蚯蚓堆肥机运行起来。比尔是位有着丰富经验的化学家，曾就职于西部电力公司、美国电报电话公司和朗讯科技公司，但他决定辞职，寻找新的挑战。我们成了他的新挑战。我们聘请他做业务主管，这意味着他要保证业务运行，所以，即便他拥有麻省理工的博士学位以及丰富的经验，最初半年他也是铲垃圾，因为我们当时没有员工。我们仍然需要依靠实习生来干那些琐事，但比尔干得非常投入。

没有找到投资者，我们很失望，Tropika 对我们的打击也很大。尽管如此，我们一直参加企业竞赛，并大获全胜。我们的经营模式得到了极大完善，并取消了废物管理这项业务。还有一件更好的事情，我们有了极棒的 PPT 展示片。我们已经懂得了“嘶嘶声”的价值，相信我们的展示也产生了“嘶嘶声”。我们再次参加了普林斯顿企业家俱乐部的企业规划大赛，这次我们赢得了头奖。遗憾的是，我们现在有了办公室和工作人员，因此需要支付费用和薪水，所以我们依然需要钱。月末，尽管我们从普林斯顿大赛中得到 5 000 美元，以及赢了其他六次企业规划奖，但我们的银行账户里只剩下 500 美元了。

希望来了。我们参加了一个重量级的企业规划大赛“胡萝卜资本企业规划挑战赛”。这是一个全国性的赛事，由名为“胡萝卜资本”的风险投资企业赞助，奖金为 100 万美元，以公司资本投资的方式发放。自然，奖金越多，竞争就越激烈。2003 年，共有 750 个参赛者。一切都和“胡萝卜”有了牵连，不是生就是死。

因为我们已经赢过七次比赛，所以我们对赢得第一轮比赛并没有感到意外。我们成为 24 个参加决赛的选手之一，这意味着我们要到纽约亲自作陈述。我们熬夜修改了陈述报告，把它打印出来，在我们位于拿骚大街的办公室地板上把它装订起来。罗宾在 2003 年 4 月 26 日的那个星期六从多伦多赶来，我们再次把 PPT 陈述报告带到了纽约，并在下午 2 点左右进行陈述。我们深深吸了口气，面对三名评委一口气作了 20 分钟的陈述。我们展示了一瓶 TerraCycle 植物肥料，尽管称之为我们的产品，却有点装饰品的味道，是用新瓶子装的液态蚯蚓堆肥。

获奖者的名单要在当天举办的晚宴上宣布，于是我们在酒店的外面闲逛了三个小时，直到在位于第五大街的福布斯大楼里举办的晚宴开始。这是提前为《福布斯》年度最佳企业家举办的鸡尾酒会——显然不是为了我们。

我仍然穿着平日的休闲装，而别人都身穿典型的“投资银行式服装”——西服、领带等。我和罗宾转来转去，试图与别人交谈，但没人理我们，这令人很伤心。当时我们相当沮丧。大家都看着我们，好像我们是邪恶之徒。罗宾朝我点点头，示意我出去说说话。他和我的想法是一样的。“待在这里没有任何意义。”他郁闷地说。

“我们失败了。肯定是。甚至没人看我们一眼。我们倒不如回家吧。”

“不过，有一点——”罗宾说。

“什么?”我想象不出他要说什么。

“有免费的晚餐。”

“好主意!”我点点头。我希望早点离开，但愿意减少损失，不妨从中获取可以得到的一切。

于是，我们回到那里，他们把每个人都叫进了宴会厅。我和罗宾在桌边坐下，这张桌子在宴会厅的最后面……既感到羞耻又感到受伤，我们是“最差的桌子”。

先是很普通的那类讲话，接着上第一道菜，然后宣布了没有进入下一轮比赛的十个团队。来了，我想。

但直到他们念完了名单，我们也没有听到自己的名字。罗宾和我对看了一眼，松开了拧紧的眉毛。这十个团队没有赢得一分钱，但从那一时刻起，剩下的每个团队都会获得至少十万美元。这笔钱可不少。所以在上第二道菜的时候，我盘算着我们可以用哪些不同的方式来花掉十万美元。上完第二道菜，他们公布了接下来的五名。我们仍然有取得好名次的希望。第三道菜上过之后，他们又公布了三个队，每个队获得 25 万美元。这时主菜上来了，我一点儿也吃不下，太紧张了。当他们开始宣布下三个队的时候，就好像是企业规划大赛版的俄罗斯轮盘赌。我迫切希望不要听到我们的名字。

我没有听到。

甜点我碰都没碰，管它是什么。我知道下一个名字将是赢得 50 万美元的团队。我不知道另一个进入决赛的团队是谁。直到上完甜点，结果公布了出来。我们赢了。突然间，所有那些不和我们说话的人都站起来为走上前去领奖的罗宾和我欢呼。有点荒诞离奇的感觉，部分原因是没有真正的奖金吧。过几天，“胡萝卜资本”会正式提供给我们投资资本。那一时刻，我并不在乎。我接过他们给的一瓶香槟，闲谈了一会儿，就回家了。

第二天是星期天，我打电话给比尔·吉勒姆，把好消息告诉了他，并尽情地想，我们再也不必花那么多时间去筹款了。唯一令我有些心烦的是，“胡萝卜资本”的执行合伙人戴维·格列博特（David Geliebter）在颁奖之后说的一些话，对我们的做法给环境带来的好处轻描淡写。我没有领悟其中的含义，但我没有太着急，因为要谈的东西太多了。也许我们可以买一个带窗户的办公室。也许我们可以有一个制造厂。

星期一，整个 TerraCycle 团队——肯定有 30 人了——前往纽约去为纳斯达克开市，那个时刻真是太美妙了。我们接受了消费者新闻与商业频道（CNBC）“权力午餐”（*Power Lunch*）节目和其他几个新闻节目的采访。我们感觉棒极了。我和戴维·格列博特交谈，让他去看看我们的办公室和放在罗格斯大学环境研究推广中心的蚯蚓堆肥机。他同意了，觉得这个主意不错，因为"胡萝卜资本"会整理出一份它出资的具体情况及支付方式的交易单。结果，奖金实际上只是一份投资协议条款清单，也就是"胡萝卜资本"提供的资金。

在接下来的那一周，格列博特和其他几个人来视察。视察完毕，他们把我拉到一旁，开始谈论他们对发展 TerraCycle 的计划。正如他在那次颁奖晚宴上所暗示的那样，他们对生产销售蚯蚓堆肥所拥有的环境优势并不是很感兴趣。他们看到的是我们产品的有机性所具有的巨大机遇。他们肯定考虑过，有机肥料和植物肥料将是一个快速增长的消费市场，这一点也是我们所考虑的。

之后的那一周，他们把我带到纽约，继续和我讨论他们如何发展 TerraCycle 的计划。他们想让自己的团队全面接管企业的各个环节——制造、生产、销售和市场营销。他们会把我变成公司的代表人物，但公司将成为仅仅销售植物肥料的企业。他们告诉我，我会成名，会富有，我甚至不必为公司劳神。换句话说，他们想接管公司，尽管我仍然是公司的一分子。我说，我觉得这不是公司发展的最好方式。我随后回到普林斯顿，想把问题好好考虑一下。

后来，他们给我发了一封电子邮件，基本上把他们计划提供的条件都列了出来。可以归纳为两大方面：放弃公司的环保内容，放弃目前的全部员工。我不仅认为这么做对那些甘于付出时间和精力的人不公平，而且在我看来没有任何意义。以垃圾为基础的经营模式是 TerraCycle 的独特之处，正是这个特点才吸引了这么多的关注和支持。

我打电话给格列博特，最后我说："如果情况就是这样的话，我觉得我们不能达成一致意见。"他不太高兴，但当时只是含糊其辞。没过两天，他寄来了长达五页的信件，说我作的决定太糟糕，他对此很失望。有了“胡萝卜资本”，TerraCycle 将无所不能，没有了“胡萝卜资本”，TerraCycle 将一事无成。我没有回应，至此我没有再收到他的消息。所以，实际上“胡萝卜资本”从未真正地把我们所赢得的奖项给我们。我想，他被居然有人会拒绝那笔钱给镇住了。那时，我已经很擅长应对这方面的事情了。

此时，我也成了生活在温饱边缘的专家。经历了这么多后，我们的账户上仍然只有 500 美元。至少这一年没有可参加的企业规划大赛了。我们只能以销售产品这一传统的方式尝试赚钱了，不过我们仍然没有办法把蚯蚓堆肥液投入生产，或者以任何吸引人的形式将其卖给商店或者消费者。我们必须想出快速赚钱的方法。

就在我们拒绝“胡萝卜资本”提议的那天，我们所有人都聚集在拿骚大街的地下办公室里，商讨下一步该怎么办。这是绝望的时刻。罗宾一屁股坐在了一把弹簧已经松了的办公椅上，差一点翻倒。他看了我一眼。

“伙计，那是垃圾，必须得小心。”我说。我们一致同意罗宾的观点，蚯蚓堆肥液是最有益于消费者的肥料。比尔要继续研究堆肥液的稳定性，这样我们可以向商店保证它的储存时间能够延长。我们知道堆肥液不会“变质”，但我们不清楚其中有多少营养会保持功效。

可是，我们如何弄到我们需要的瓶子，把堆肥液装进去，送到商店，再换来美元呢？我们大家都在冥思苦想——如果我们拿不出解决方案，我们就完蛋了。我问罗宾，200 美元可以买多少瓶子。

“一个也买不了，”他说，“他们不零售，只能批发。最少的订货也得 1 000 美元。也许还要更多。”

罗宾灵光一闪：“为什么不暂时用人们回收的旧瓶子呢？”

我茅塞顿开。“等等，我有一个绝妙的主意。”他们都看着我。“我们有了用垃圾做的产品。实际上，在一些人看来产品本身就是垃圾。为什么不用垃圾来包装呢？”

“首先，它是垃圾。”比尔打趣道。

“看看你坐的家具，”我说，“我们是从垃圾堆里捡来的，性能完好。”

罗宾指着他坐的椅子说：“嗯，几乎是完好的。”

“怎么弄到的啊?”

“我们从回收垃圾箱里捡来的。”

“我们毕竟只是用来装液态蚯蚓堆肥。”罗宾指出。

“瞧，这只是暂时的解决办法，到时候有钱了，我们就可以买新瓶子。我们贴上标签，明天开始卖。”我说。

“你打算今晚出去捡?”比尔看起来有些怀疑。

“我们需要钱啊。你想一起来吗?”

会后，我拿了一些超大的垃圾袋，召集了四个实习生。我们去翻回收垃圾箱，寻找没有破损的塑料瓶。我想，我们只回收大瓶子。尽管我不希望一辈子都干这个，但我确实喜欢这个想法——因为有了蚯蚓堆肥，我们可以把人们视为垃圾的东西变成有用的东西。

对那些不了解这个城市的人来说，普林斯顿是他们特别希望居住的高消费地方之一。居民们自然善于回收垃圾，几乎每个人都有一个回收桶。没人反对我翻垃圾箱，挑出塑料瓶，可当我们收集了两个小时之后，突然听到警笛声，两辆巡逻车停了下来，灯光闪烁。几名普林斯顿镇的警察慢慢地从车里走出来，用电筒直晃我们的眼睛。“你们干什么呢?”其中一个人问。

我不禁想起在威尔科克斯食堂捡食物垃圾，当时校园警察也曾怀疑我们在偷垃圾。我极力解释我们在做什么，以及这么做的原因，但警察对我们只是收集瓶子并重新为我们企业所用的说法不理解。他们很不高兴，似乎真有麻烦了。“这次我们放了你们。”他们说，“不过，再让我们抓住，可要把你们关起来。翻别人的垃圾是违法的。”还好，他们起码让我们拿走了瓶子。

我们回到办公室。另几名实习生也带着他们的战利品回来了。我们把瓶子倒在地板上，开始挑选。我们两组五个人收集的可不少。我本以为这些瓶子的大小和形状会千差万别，所以，当我发现只有四个型号时感到非常诧异，它们只有两升、一升、半升和 20 盎司装的。然而，更令我吃惊的是，不管容积如何，瓶高、瓶底和瓶盖的螺纹都是一模一样的。唯一的区别是瓶子的外形。

这看起来好像没有什么，然而却给了我极大的启发。瓶子的同一性非常重要，因为这样瓶子就可以在高速的瓶装生产线上运行了。这意味着 TerraCycle 植物肥料可以大规模生产了。当然啦，此时我们可以用小壶和漏斗把蚯蚓堆肥液灌到瓶子里，但未来我们需要通过瓶装生产线，才能够制成成千上万瓶植物肥料。两个小时前想到的原本作为暂时的替代方法，突然间成了解决问题的答案。

就在那一刻，TerraCycle 植物肥料诞生了。这是一个意义重大的转折点，它出现的原因就是因为我们拒绝了“胡萝卜资本”的钱。这件事迫使我们努力在不花钱的东西上找到价值（如同蚯蚓为我们做的那样），也就是说，在别人看来是负价值的东西上找到价值。因为我们拒绝了那笔钱，所以我们生产出了世界上第一种（今天依然是）完全用垃圾制造、完全用垃圾包装的产品！

在人们愿意掏钱处理的东西上面找到价值，这种理念是生态企业的基本要义，这是我现在的看法。可以用这种方式来思考：用过的瓶子有两个方面——塑料和形状。按照回收模式，塑料的价值是正的，因为可以把它当作商品来销售。不过，为了做到这一点，你要毁掉外形，把塑料变成有利于承装新东西的形式。所以，从某种意义上讲，外形的价值是负的。所有这一切都耗时耗力，这也是人们在“回收瓶子是否环保”上面反复争论的原因。把饮料瓶子转化成可用材料，不仅要消耗能源，而且还要承担运费和燃料费。

然而，如果你能在瓶子的形状上面找到价值，就如我们那样，你不仅在别人视为垃圾的东西上找到了价值，你也节省了利用塑料价值方面所需的时间、金钱和精力。简单地说，重复使用某种东西自然比再加工某种东西划算（对环境也更为有利）。

生态企业有一个基本的模式，即一种物体的成分有的是废物，有的是宝贝。这种理念的重点是："垃圾"是什么，并找到使用它的办法。对我们来说，就是利用瓶子的形状，而不把形状看作不利的特点。在当今的社会里，你每次买东西都避免不了购买各种商品。打个比方，这本书让你头痛看不进去，你需要买一瓶阿司匹林。除了你购买的100片阿司匹林，你也购买了一块包装硬纸板、包装的塑料、装药品的瓶子，有时还有一小块棉花，以及把它从制造厂运输过来的费用。你也许会得到一个免费的塑料袋作为奖励。你也许无法想到使用每一样东西的办法，但你可以找到某些东西的用途。如果你这么做了，你就开启了利用废物的能源之门。

每年，美国人丢弃的（没有回收、单纯扔掉的）饮料瓶超过2 000亿个。这个数量很惊人，给环境造成的影响也确实令人惊愕。现在，美国每年生产一次性饮料瓶需要消耗6 300万加仑的原油，而这也可能只是冰山一角。当我们喝完水的时候，超过85%的瓶子会被填埋（需要1 000年才能被分解）和焚化。它们燃烧的时候，会往空气里排放多种有毒气体。

然而，还有更深层次的问题。1995年至1998年间，生产这些瓶子的塑料（也就是聚乙烯，通常被称为PET）用量增加了50%多，主要原因是20盎司饮料瓶的出现。与此同时，回收这类塑料的比例却在全美国范围内下降，从1995年的40%降至1998年的25%。对废品回收站来说，存在着这样的问题，这些瓶子体积大但重量轻。也就是说，运输所占的空间很大，但重量没有多少。而回收站的所得是按照重量计价的。"即便装了一卡车的塑料，你也根本没装多少。"环保局（EPA）的回收专家罗莎莉·格林（Rosalie Green）说。

事情远比这个复杂，制造塑料容器需要几种不同的树脂，每一种树脂在回收之前都必须单独进行分类——这是一个费用很高的工作。此外，用回收材料替代原生树脂所节省的能源往往微乎其微，这样企业就没有使用这类材料的动力了。“如果生产商没有生产节约型产品的动力，我们自然不会使用节约型材料。”总部位于亚特兰大的草根回收网（GrassRoots Recycling Network）的比尔·希恩（Bill Sheehan）说，“按照目前系统建立的方式，我们纳税人必须为处理生产商扔给我们的包装埋单。”

那天晚上，我们集中解决比较紧急的问题。我们拿来瓶子，刮下标签，用水漂净，用漏斗装满液体蚯蚓堆肥，贴上我们最近在办公室里用喷墨式打印机打印出的标签。第二天早上，我们开始跑这个地区的小零售店。当时是实习生的瑞安·萨西德（Ryan Salcido）卖出了我们的第一个十瓶。我们步入正轨，开始销售了！

第五章 走向大卖场

我们决定用垃圾制造与 TerraCycle 植物肥料相关的一切东西。一旦有了这个理念，我们创新的闸门就打开了。下一步就是要搞清楚，从哪里能弄到喷雾器喷头。这东西不是人们大量回收的垃圾，所以我们必须得去别的地方寻找。罗宾开始与收购处理品的企业联系，这些企业销售的是其他企业不再要的东西。他在众多处理品中发现了巨大的有关喷雾器喷头的废物源。当一家大型消费品生产商决定换包装，比如说擦窗器（尽管可以代替任何使用喷头的产品），他们想要蓝色的触发式喷头而不要白色，或者要流线型的而不要四方形的等等，这时废物源便产生了。

一旦新设计准备就绪，他们就会马上实施，不会等到用完所有的喷头，所以扔掉 50 万个甚至是 100 万个是很平常的事情。公司不会让永远不用的产品占据库存空间。于是，他们不是付钱给垃圾搬运公司把它拉走，就是让处理品收购企业运走，一吨收几个钱，公司也乐于这么做。

事实上，即便我们买得起新瓶子，它们也比旧瓶子贵。这是生态企业家的战略基础。现在，我们拥有一个环保企业，但和大多数企业一样，它是以盈利为基础的。我们把废物流重新界定为资源流，有了这个理念，我们提升了一步，不再仅仅是环保企业家。我们现在能靠从废物流里提取的东西盈利，而且副产品是改善环境。它打破了传统生态企业的范式。今天，生产塑料瓶的最廉价方式是使用新材料。如果你想更环保，可以考虑添加再生成分（这将提高商品价格）。如果你还想提高环保标准，你可以考虑使用以玉米为主要原料的生物降解塑料，但这么做，你的成本会进一步提高。目前的范式很简单，你越想环保，你的成本就越高，消费者的支出也就越高。然而，如果你使用旧瓶子，你的支出只是塑料的价格（而不是外形），这往往是最省钱的方法。毫无疑问，重复使用瓶子比生产瓶子更便宜、更环保（不管你用什么材料生产）。最终，我们把盈利和环保意识结合在一起，从垃圾中赚钱。

垃圾完全是人们的观念。在自然界里，根本没有垃圾。什么东西都是有用的，什么东西腐烂了都会成为其他东西的组成部分。不仅如此，垃圾这个观念完全是现代人的看法。在 20 世纪塑料和石化合成材料发明之前，垃圾的观念基本上是不存在的。直到 20 世纪中叶，多数人，即便那些经济发达国家的人们也舍不得扔掉衣服或者家具，直到穿破了或者不能再用了为止。即使他们扔掉了衬衫或者椅子，因为这些物品是用植物做的，经过多年也终将分解。正是因为发明了合成材料（如塑料和泡沫聚苯乙烯），即对另一个有机体来说不是天然食物的材料，才出现了垃圾的概念。

这期间，我开着车转遍了新泽西，拜访当地的零售商，销售蚯蚓堆肥，我们第一次有了稳定但非常少的收入。此外，我们不断免费提供样品，让人们试用我们的产品。这就需要稳定的瓶子供货源。单靠搜普林斯顿的垃圾回收箱是不行了，罗宾和比尔开始调查大型的废品回收站。他们发现，垃圾站的瓶子往往被压碎，不能用了。我们最终会找到高质量旧瓶子的可靠来源，但仍需几年时间。现在我们仍然没钱买瓶子。我们需要想别的办法来弄到废瓶子。

一天，我突然想到了一个完全不同的办法来弄到质量好的旧瓶子：让人们收集。毕竟，我们能够坚持下来在很大程度上靠的是实习生的志愿帮助。如果人们感觉自己是做善事或者懂得了这么做的意义，他们会愿意义务收集瓶子的。也就是说，他们在创造利润，只不过不是在金钱方面。我依然十分向往学校的生活方式，所以，我想让当地的学校来帮助我们收集瓶子。我们去当地的学校，召开了关于回收和重复利用的动员大会，让孩子们为我们收集瓶子。我们给他们一个大箱子，每天早上他们把质量好的旧瓶子带来，扔到箱子里。

在我看来，这些旧瓶子给他们带来的收益并不多，对给我们提供地方放箱子的学校来说，好像也没得到什么。是的，他们使那些瓶子免遭焚烧或者填埋。但我想，他们应该得到更多看得见的东西。为什么不把这变成为学校募捐的活动呢？每收集一个瓶子，我们就给学校一点钱，当然我们要拿走瓶子。

奇怪得很，TerraCylce 不知不觉地复制了 19 世纪印刷行业的经营模式。和那时的造纸厂一样，我们需要的产品没有现成的商业来源，很大程度上是因为我们寻找的是用过的东西。我们和造纸厂如出一辙。19 世纪，印刷业几乎完全是易货经济。造纸用的碎布和碎料几乎没有工业来源，所以收废品的人成了造纸行业的弄潮儿。那些废品收购者收来的除了破衣服之外还有其他东西，于是他们就把收来的东西转手卖出去。如果收的是破衣服，他们就送到造纸厂，让造纸厂制成全棉纤维纸。事实上，破衣服可以替代货币，人们能用破衣服来支付自己从小贩和商店那儿买的东西，小贩和商店则把破衣服卖给造纸厂。

下一步，精明的商人（当时还没有称他们为企业家）尽量让家庭主妇们觉得放弃碎布很值得。他们建立了专门的系统，从住户那里回收碎布，再送到造纸厂。他们不懈地向住户们宣传，努力让他们收集碎布。

当然，当时我对此一无所知，这并不重要。我们第一次实施这个想法的地方不是学校，因为那时已经是学期末了。距离普林斯顿不远有一座教堂，那里的牧师对 TerraCylce 非常感兴趣，但他仍然有点怀疑，特别当听说让他年轻的教区居民去收集瓶子时更是有点疑惑。不过，我们最后说服他，让我们尝试一下。于是那天早上，我站在了 15 个十岁孩子的面前。我带去了所有能想到的“卖”出这个点子的东西。我们带来了录放机，给他们播放一段有关 TerraCylce 的视频。此外，我们也带来了一些蚯蚓以及喂食它们的垃圾。我们把那个大箱子也搬进了教堂的大厅。我讲了 15～20 分钟关于回收、重复使用的话题，以及他们如何能够通过给 TerraCylce 提供旧饮料瓶使地球成为更加美好的地方。

我讲完后，问他们是否有问题。一个小男孩举起了手：“蚯蚓怎么拉屎呀?”我不得不说，我没有准备这个问题。蚯蚓成了他们的一切。他们喜欢摸它们，问它们吃什么，活多长时间，长多大。

不知道是蚯蚓的魅力还是对环境的关心，收集饮料瓶活动大获成功。孩子们对 TerraCylce 的想法感到非常兴奋，当得知他们可以走进商店去看自己亲自收集的瓶子时，他们更加兴奋。我想，不是所有人都会有这种经历的，我觉得这给了他们收集瓶子的动力。毕竟，他们收集的越多，他们越有可能在某一天从货架上看到自己收集的瓶子。与此同时，他们也为学校或者教堂赚了钱。所有人都得到了好处。

截至下学年，这个活动的发展突飞猛进。毕竟这是可靠的赚钱方法——周围有很多瓶子，没人想用它们。那年年末，大概有 30 个组织为我们定期收集瓶子。

与此同时，“胡萝卜资本”带来的致命打击反而成了我们巨大的意外收获。尽管我们拒绝了那笔钱，但我们没有失去“嘶嘶声”。“胡萝卜资本”对我们的兴趣对其他人而言是个信号，表明我们这里有真东西。我由此吸引了一些小投资者，让公司保持运营。5月份左右，为了表示对这些小投资者的支持，我参加了一个名为“宇宙信息”（Universal Display）公司的年会。这家公司与TerraCylce没有任何关系，听起来好像是科幻小说中的名字。不过，当你在企业起步阶段为了得到融资而尝试各种办法时，这种情况会时常发生。

开会的那一天我迟到了，这是我最不愿意做的事情。我迷了路，心很烦，差一点儿打道回府。但我坚持往前走，最后终于找到了开会的地方。我走进会议室，坐了下来，当时“宇宙信息”的人正在介绍下一年的目标。这个陈述确实不怎么吸引人，所以坐在我旁边的那个人开始和我聊天。他问我为什么来这儿，我说：“啊，是帮一个朋友的忙。这的确与我自己没多大关系。”

“嗯，你心太好了。我叫马丁·斯坦（Martin Stein）。你是干什么的?”有意思的是，他好像确实很感兴趣。这让我多少想起了休曼·辛哈。于是我告诉他，我正在办一个公司，用蚯蚓制造肥料。他不停地问问题，大约十分钟后，他握着我的手，问：“你需要多少钱?”

我很疲惫，想不出马丁到底能投资多少，于是我干脆说：“50万美元。”我想，为什么不说呢，也许他只会付之一笑罢了。

然而，他只说了一句：“好，我入股了。我将成为你的合作伙伴。”我们握了握手，他说第二天去拜访我。我仍然感到很疑惑。我不能完全肯定他明白我们企业是干什么的，所以，他真要加盟听起来似乎有点不可能。

第二天他先打来电话，然后到我睡觉和工作的办公室来了。比尔带他去了一趟罗格斯大学的环境研究推广中心，看了蚯蚓堆肥机。显然他问过比尔，这本身是不是一个好的投资“项目”。

我不知道比尔具体说了什么，但第二天，他就把钱打到了我的银行账户。这件事表明：你不应该错过任何机会，无论表面上看起来多么不可能。在接下来的一年里，马丁总是出手相助。当我打电话给他的时候，他总问："情况进展怎样？你需要多少钱？"不仅如此，他已经成为了 TerraCycle 这个大家庭的一员。

与此同时，比尔·吉勒姆在不做堆肥和堆肥液或者履行订单的时候，开始大规模地进行实验，以确定 TerraCylce 植物肥料的有效性。

关于环境研究推广中心还有一件有意思的事情：因为它是由州政府经营的，所以经常有一群劳改犯来帮助我们打扫卫生。吸烟的罗宾（真为他感到羞耻）意识到伙伴们都不吸烟，所以当大家答应给他一根香烟就能让他劳动一天。比尔需要人手，于是我们就让刚出狱的朋友罗恩（Ron）去了，许诺让他做全职工作。他的到来解决了比尔的燃眉之急，他甚至睡在蚯蚓堆肥机的旁边。

为了实验，比尔对 600 种花草、蔬菜作了记录。整个夏天，每天都必须按时给每种植物浇水和测量。然后他们把所有的植物都拔出来，测量根长及其他十多种指标，用以表明 TerraCylce 植物肥料对刺激植物的生长确实起到了功效。实验完全成功。与此同时，他还要让蚯蚓堆肥机保持运转，不断地供应有机垃圾，这是我们从全州的各个地方买来的。但这么做存在这样的问题：保证不了一直是同样的垃圾。因为蚯蚓给什么就加工什么，比尔必须找到办法来保证 TerraCylce 植物肥料的成分确实如标签所宣称的那样。

比尔和他的团队得出结论：我们的蚯蚓堆肥实际上和其他植物化肥不相上下。也就是说，蚯蚓堆肥不仅能够促进根部的生长，抵御病虫害的发生，而且还富含氮、磷、钾，完全能和市场上的其他肥料相媲美。

实验结束的时候，罗恩不见了。原来，他从中心附近的一家商店里偷了一只鞋。于是他因盗窃而被判刑。服完刑后，现在的罗恩成为当地沃尔玛的一个重要人物。

到现在，我们一直遵循着这样的主张，这是我们与别人谈论如何在商店里建立自己的品牌时，大家都赞成的方法："去小商店，把自己的品牌建立起来，然后去大一点儿的商店，最后当你真正建立起自己的品牌时，就去主要的大型零售店。"噢，如果你去沃尔玛，他们会推翻你的价格并毁掉你，因为沃尔玛喜欢这么做——他们以小的供应商为早餐！

于是，我们"从小开始"，这个模式很令人讨厌。当地的这家商店要一箱，那家要一箱。我们不得不分别去送货，分别开发票，分别结算，处理出现的各种问题。真正令人头痛的是，我们根本不知道商品卖了之后会怎样。它们也许会重新订货，也许就不进货了。此外，即便有机会卖给小的零售店，你也必须经过像ACE 五金公司（ACE Hardware）这样的经销商，让他拿走 5%，把你放在他们的目录里。这样要拿走 10%，那样要拿走 2%——噢，他们忘记提到的也要拿走3.5%。这个体系阻碍了企业的快速发展。

保守地说，我们发展得不够快。我们每月进账的款额不到1 000美元。我们必须开着我的客货两用车去运饮料瓶，一车正好能装 854 个。清洗、灌装和贴标签都是手工进行。难以置信的是，方方面面都属于密集型劳动。一年来，大概有 30 个组织为我们收集瓶子，给我们提供的瓶子数量足以应对这些小订单。没有马丁，我们永远也做不到这一点。

这一期间，发生在我身上的唯一好事始于投资者维克托·艾尔马莱（Victor Elmaleh）的办公室，他所做的最出名的事是把最早的大众甲壳虫购进了美国。当时我和 TerraCylce 的另一个人坐在维克托的办公室里，同他以及他的一名下属说话，这时一位女孩走了进来，看到我们感到很意外。

她的名字叫李素妍（尽管我觉得她从未主动地把自己介绍给我）。原来她是一位在茱莉亚音乐学院学习的钢琴家，刚刚荣获了学院钢琴方面的最高奖项“Petschek Piano Debut Award”，这个奖项还包括在爱丽丝·杜利音乐厅（Alice Tully Hall）举办一场音乐会。显然，维克托决定做一些音乐会筹划方面的事情，所以请她吃午饭。碰巧，当天我和他在办公室里谈论投资事宜。

素妍觉得自己是来谈音乐会的事情，所以当发现一屋子的男人时感到很惊慌。毫无疑问，她不是为速配而来。尽管维克托坚持我们坐在一起，但她根本没有兴趣和我说话，对此她毫不掩饰。当时她的架势就是想离开，与一名经营刚刚起步的蚯蚓堆肥企业的退学学生交往，她当然不会很兴奋。

维克托没有拖延。午饭之后，他主动提出用车把素妍送回上西区，然后让司机把我放在宾夕法尼亚车站。很奇怪，十区的车程用了 45 分钟（可能司机得到了维克托的一再暗示，让他别着急），于是我们有很多时间来了解彼此。开头的十分钟，我们都相当尴尬，不过情况慢慢有了转机。我问了几个问题，目的就是聊一会儿，尽管她依然很友好，但只用一两个词来回答我。快到宾州车站的时候，我把自己的名片递给她，这是用升级回收的蓝色牛仔裤制成的，她接过名片，说自己没有可供交换的名片。我问：“你愿不愿意让我给你制作一些名片呢？”她说：“好吧。”

我花了几个晚上手工制作了每张卡片，然后打电话给朋友们，咨询如何接近我显然配不上的人。

一周后，我去纽约听她的音乐会，这是我第一次参加钢琴独奏音乐会。音乐会结束后，她被几百人围住，我都吓坏了。当所有人都散去之后，我把一包名片给了她。坚冰被打破，她邀请我出去和朋友们一起去喝酒，最后我们于 2008 年 5 月喜结良缘。

与此同时，TerraCylce 需要扩大企业规模。显然，原有的模式无法发挥作用，所以我们尝试了一个比较大的场面——贸易展览会。坐在那些大型的会展中心，人们在过道里来来往往，你必须向每个经过你展位的人推销，希望他们最终能订一份产品。那些人往往说："不错，也许明年吧。你能不能免费给我们一份，看看到底能不能卖掉，如果卖了我们也许会多买一些?"这太不讲理了。我憎恨每一秒钟。我需要网络式的发展速度，但我们现在是一个漂亮的生产有机消费品的小公司——慢且稳，希望口口相传、游击式宣传或者闪电式的全力销售。

展会没有让公司壮大起来，我们去了旧金山、休斯敦和芝加哥，花在旅费和展费上的钱往往比赚的还多。我对那次拉斯维加斯展会记忆犹新。展会有两层，我们的在地下室。展位的租金和旅费花去了我们 1.5 万美元。三天的展会里，只有两个人经过我们的展台。整个展会期间，几乎有一半时间我都睡在地板上。罗宾和我一起去了。有一次，我醒过来，看着他，说这是最糟糕的方式。我们决定不再参展了。我们要去大卖场，用攻城槌把它们的门砸下来。

大型零售业产生于 20 世纪 50 年代，那些商店现在是每个行业的领军者。换句话说，今天，如果你把商品卖给劳氏公司(Lowe's)、沃尔玛或者家得宝，你的产品就会遍及美国 75%的草坪和园艺市场。如果你把管道高效疏通剂卖给家得宝（如我们现在所做），你就会拥有整个管道高效疏通剂 25%的市场份额。

自然，成功的几率不是很大，但我和罗宾开始给沃尔玛、家得宝、劳氏等所有大卖场打电话。这个过程确实很难。没人接电话，于是我们就不停地打。35 天后，家得宝的采购员终于接电话了，给我们 30 秒钟来推销产品。我告诉他，我们有"世界上最环保的产品，是用垃圾生产和包装的。更为可贵的是，比同类竞争产品便宜"。他说，尽管这听起来很有意思，但我们应该找另一个部门的某个人。这个人把我们推给了别人，而别人又把我们推掉了，最后我们被介绍给网络部门的领导，他同意见面。

我们欣喜若狂。这对我们来说是个巨大的考验。如果我们成功了，我们也许能为公司建立起一个新的经营模式，而抛弃原来过时的模式。在我看来，现有模式在我们还未立足之时就会把我们憋死。

当然这要在网上经营，但我们为此很疯狂。我们带去了蚯蚓、施肥的植物和没有施肥的植物；我们带去了PPT介绍片，我们不想让他们拒绝。他们最后订货了，也许是因为这么做比拒绝我们更容易。他们不想冒险。不过这是我们的第一笔大订单——一托盘的肥料。于是，我们从亚特兰大飞回去，直接去环境研究推广中心帮助比尔备货。

此时，我们的瓶装生产线仍然相当原始（塑料漏斗）。我们有一台洗碗机，用来清洗瓶子。瓶子干了之后，我们在上面贴上由四种脱漆剂构成的东西。这东西看起来基本上和吹风筒差不多，但发散出来的热量要较之多很多。我们买了一捆收缩套标。你可以在瓶子上滑动标签，然后把它压到四种脱漆剂中间，脱漆剂的排列如同指南针的四个指针，但针尖是朝上的。操作时必须戴手套，否则手会被灼伤，不过热风能使标签稳妥地粘到瓶子上。如果操作得当，效果非常好。接着，我们拧上瓶盖儿，再用箱子装起来。当然，这些箱子特别多。我记得有一次，我们有很多达萨尼（Dasani）箱子。当然我们必须把箱子拆开，翻过来，这样达萨尼的标签就看不出来了。然后，我们贴上TerraCylce的橡胶印花，用手使劲拍一下，妥了。

最后，我们把货物运走，这相当于前六个月的订货总量。与此同时，我们打电话给马丁·斯坦，让他定期追加投资。

我和罗宾都觉得，对我们来说，这个机会要好过只卖给小的零售商。当然我们不会忽视他们，我们要在两个战场上齐头并进。

与较大的同类公司产品相比，我们装肥料的瓶子容积与他们的相当，且因为价格偏低，所以大型零售商不必再压低我们的价格。

生态企业的另一个基本原则是：除非你的产品对消费者来说是同样经济的，否则他们不会购买自己不了解的产品。确实，一些“有机”或者“环保的”产品已经获得了一定的声望，这使它们能以高端价格建立起自己的品牌，不过这只适用于小众市场。如果你需要高性能的汽车，而且又有钱，你肯定会买奔驰而不买通用的土星（Saturn）、福特的金牛（Taurus）或者大众，但这仅局限于小部分消费者。

我和那些有环保意识的企业老板之间存在着严重的意见分歧，有时我也会和他们不客气地争论。比如说，第七代公司（Seventh Generation）的老板杰弗里·霍南德（Jeffrey Hollender）会骄傲地告诉你，他不会把产品卖给沃尔玛，他会给你许多令人信服、富有逻辑的论据，说明为什么消费者愿意多花5%～20%的钱购买有机商品。

遗憾的是，他的论点只能在理想的世界里发挥作用，而在普通美国消费者的日常生活中根本站不住脚。第七代公司是美国环保清洁产品的大型生产商之一，年销售额超过一亿美元，这个成绩着实令人钦佩，不过这是25年的发展结果，它的销售额要接近庄臣公司（S. C. Johnson Wax）的一个品牌如稳洁（Windex）都是不可能的。

我和杰弗里以及很多其他生产绿色产品的人看法不同。我认为，以较高的价格提供绿色产品是不够的，我们的目标是以竞争性的价格生产绿色产品。我坚信，如果杰弗里的产品售价和稳洁一样，那么他的公司规模要比现在大很多，甚至比稳洁还要大。

在过去的几年里我作了几百场演讲，我总是对听众提出这样的假设：“当你走进当地的超市，看见同一品牌的两种产品：一个是有机环保产品，生产它的人工酬劳是公平的，售价是1.05美元；另一个是用人造化学品生产的普通产品，生产它的工人得到的是奴隶般的报酬，这款产品售价为一美元一瓶。假设两种产品的性能完全一样，谁会买那个售价为1.05美元的产品?”

每当我问这个问题的时候，大约只有5%的人把手举起来，好像每位听众都在看同一份答卷。（我也把自己算在不多付钱的那一群体中。）我甚至在佛蒙特州的一个正在改建的静修所里问了同样的问题，在场的大多数听众都光着脚，这是一群心事很重的人。他们的回答结果同上。

接着我问下一个问题：“如果两种产品的价格是一样的呢?你会买哪一个?”这次听众好像又是看了同一份答卷——100%的听众（无一例外）都举手表示支持环保产品。在我看来，这似乎十分清楚地表明，大家都想购买有机环保的产品，但同样显而易见的是，他们不想为此多花钱。这就是引进生态企业的意义所在。

有环保意识的经济学家往往指出，以我们目前的企业形式，多数企业都支付不起它们从地球获取资本的成本。它们付钱让人们提取矿物质、砍伐树木、减少土地、开采石油。地球好像是一个拥有取之不尽、用之不竭的资源宝库，而且可以把这些资源变成换钱的东西。只要大家花钱购买去宝库的车票，就可以拿走任何东西。

此外，一旦这些东西用完了、转换成资本之后，基本上都进了填埋场或者被焚烧。生态企业看到了这些垃圾的价值。如果合理地重复使用（或者升级回收），这些东西能够继续换成金钱。与那些企业家使用地球慷慨给予的原材料一样，生态企业家利用这种新型的原材料来赚钱。

第六章 初获成功

TerraCycle 的部分创业史就是学会重新界定，甚至重新思考每天使用的词汇和观点。在 TerraCycle，我们一直在不断思考，我们干的是什么？我们以用垃圾赚钱的理念起家——开始时，把人们的有机垃圾运走，然后喂食给蚯蚓，这样它们能够生产出我们可以出售的蚯蚓堆肥。事实证明，企业模式中最可预见的部分——废物管理——成为最可有可无的内容。当我们把精力重新集中在蚯蚓堆肥上面时，我们的产品不仅独特，而且值钱。

接着，我们几乎在绝望之中重新界定了另一种垃圾——旧饮料瓶。它不是等着花钱被熔化的塑料，而是具有真正价值的解决包装问题的途径。这就是我们为发展企业所需的完整的资源流。

尽管家得宝网上订货的数量并不大，但它向我们展示了大规模零售的好处。在这方面，此举意义重大。试想，如果多家单个商店订购同等金额的货物，我们需要花费更多的时间和精力。我们认识到，在发展企业方面，小公司需要有新的理念。

与网上家得宝合作取得的成功，让我们明白了两个道理：第一，成功孕育成功。网上家得宝打开了成功的大门。现在我和罗宾能和其他一些大型超市的人接触了。2004 年年初，我们四处奔走，尽可能和更多的大型超市接洽，以增强我们找到新起点的发展势头。我们接洽了加拿大轮胎公司（Canadian Tire）、泽勒斯百货公司（Zellers）、Stop & Shop、QVC、美国大众超级市场公司（Publix）、沃尔玛加拿大和全食超市等等。

这令人十分激动，不是因为我们赚了多少钱，而是一想到要把产品卖给家得宝，我们就兴奋不已。如果我们以原来的经营模式进行销售，我们就需要扩张。

我和罗宾一直认为，我们最终要融入大卖场，所以他一直在为大订单做准备工作。有一次，他发现可以以相对较低的价格弄到五万箱打错标签的达萨尼饮料瓶。箱子太多了，即便压扁了也需要很大的空间。现在我们面临的唯一问题是：除了在环境研究推广中心有一个大棚外，我们没有自己存货的地方。

不要紧。这个机会太好了，罗宾不可能拒绝，于是他打电话给比尔，说："比尔，我买了一些箱子，你需要给它们找个储存的地方。"但他没说具体有多少。自然，比尔说他会找到地方的。几天后，当两辆挂车停在环境研究推广中心外面时，比尔甚至不知道能否把箱子从车上搬下来，更不用说给它们找地方了。

显然我们需要更大的空间。一方面，我们三个人都不能继续在环境研究推广中心用脱漆剂和漏斗来履行订单了。我们需要人手，我们需要库存，我们需要机器，总之，我们需要工厂。找到工厂意味着先要找到资金。即便是一直慷慨的马丁·斯坦也支持不了我们想象的这种拓展方式了，所以，我们必须靠自己了。

尽管我们没钱购买工厂，但我们开始着手寻找不要薪酬的人员。这听起来似乎不可思议，但事实并非如此。我们一直让普林斯顿和其他地方的朋友帮忙，他们相信 TerraCycle 不仅好玩而且很有价值。我猜，你会叫他们实习生，在某些方面我也把自己称作实习生。雇用实习生的好处是他们不计报酬，只为经验而来。每年全美国有数以千计的学生请求免费工作，以换取个人简历上的评语。我们有很多能够分享的经验——从铲蚯蚓堆肥到瓶装肥料再到销售，每个工作都是现成的，无论懂不懂，急切找工作的人都可以掌握。

2004年年末，我们开始了大规模招聘实习生的活动，由我们的实习生领队亚历克斯·萨尔兹曼（Alex Salzman）负责。我们每周在位于拿骚大街的办公室举办招聘会，向人们推销TerraCycle所展现的令人兴奋的世界。每周都有10～15个人来应聘。至于条件，只要我们能够想到的都答应他们，从住房到给他们做饭的管家，不过我们当时什么都没有。2004年夏初，我们招了35个热情高涨的实习生。一个月后，我们依然没有房子给这些学生住，没有办公地点，也没有那个难以找到的管家。

此时，我已经住够了办公室，无论如何我都需要一个住的地方。我好像很自然地就把两件事结合在了一起：找一个我自己可以住，同时也能容纳实习生的地方就好了。听起来我好像要住在联谊会会所，但是别忘了，我在过去的一年里一直都是住在那儿的。

我预计每月拿出大约1 500美元来付35人以上的房租。普林斯顿是不可能了，往北价格更高。所以我们唯一的选择就是往南去，那就是特伦顿。

如果你想找一个和废弃饮料瓶差不多廉价的居住地，那就是美国的市中心区：没有工作，学校很差，财产价值低等等。新泽西的特伦顿就是这样的地方。

曾几何时，具有悠久历史的特伦顿是美国最为之骄傲，也是最热闹的城市之一。它是乔治·华盛顿在独立战争中取得第一场胜利的地方，他在1776年12月26日晚横渡特拉华河，这令驻扎在特伦顿的英国雇佣兵大吃一惊。1784年，这座城市当了两个月新国家的首都，曾被认为是美国首都的永久所在地，但被南方拒绝了。不过它一直是新泽西州的首府。1896 年，美国第一场篮球赛就是在这里进行的。

20 世纪初，特伦顿是美国工业革命的重要中心，常驻这里的公司有罗布林钢铁公司（Roebling Steel），它是由布鲁克林大桥的建造者和其他人创建的。特伦顿是美国 50 个大城市之一，是繁荣的制造中心，生产钢铁、橡胶、金属丝、绳子、漆布和陶器。20 世纪 20 年代，特伦顿提出了“特伦顿制造，世界使用”的口号。1931 年的《新泽西企业名录》骄傲地列出了特伦顿的 400 个有五个以上员工的企业。

现在，如果你能找到 40 个就很不错了。20 世纪 50 年代，制造业开始走下坡路，人们开始离开特伦顿。到 20 世纪 60 年代，特伦顿已经下降为美国 100 个大城市之一。1968 年在马丁·路德·金遭到暗杀后，这里出现了骚乱。20 世纪 70 年代，海洛因在经济和社会中产生了重大影响，Bloods 和 Crips（这是两个组织的名字）在大街上横行霸道。Bloods 是控制特伦顿海洛因同业联盟的重要成员，同时也在全美的海洛因贸易中起着举足轻重的作用。

当我们开始在特伦顿找房子的时候，它的人口为 8.5 万，整座城市 1/3 的建筑差不多都是空的。城市里的大部分工作都是政府提供的。没有艺术区，没有可供人基本娱乐的地方。资产价值直线下降。在美国十万人口以下最危险的城市中，特伦顿排名第四（现在依然是）。

正是上面的这些原因使我们把特伦顿作为寻找房子的最佳地点。尽管 50 年来特伦顿（在低收入居住区之外）没有新建房子，但它在繁荣时期留下的一些房子非常不错。最后我们在曾经号称“百万富翁街”的格林伍德大街上找到了一栋房子。房屋的面积有 7 000 平方英尺，共有十多个卧室。不过，这座城市确实很萧条，我在买完房子后，房主免费送了我房子里的设施。

在附近的拐角有一个街牌，从上面垂下两块头巾，一块红色，一块蓝色。这是我了解 Bloods 和 Crips 的开始。我们位于这对死敌的地盘边界。实际上，那座房子以前的房主中有一位就是特伦顿买卖海洛因的首要人物。旁边的那栋房子就是交易海洛因的场所，里面发生过凶杀案，子弹从楼上的窗户飞了出来。他们瞄准的不是我们，而是我们正好在火线上。

在我搬进来的时候，我对特伦顿的犯罪和暴力程度一无所知，幸好别人也不知道。我成了房子的主人，两年来 35 个以上的实习生住在里面，不过没有人受伤，也没有人受过威胁。

我们搬进这栋房子的时候恰逢普林斯顿的学年结束，这对我们来说是一大幸事。普林斯顿的多数学生都住在校园里，不过必须自己布置房间。他们毕业的时候，往往把家具扔在街上。自然，他人的垃圾就是我们的原材料，我们几乎是全部用普林斯顿学生扔掉的东西布置了特伦顿的房子。由于前任房主曾在这里开诊所，所以它有点现代化的意味，这样房子内部就不用修缮了。我们要做的是把房子变成一个大家都感到有意思的地方，因为离开房子时我们不可能不遇到毒品贩子或者吸毒的妓女。

管家找到了。当我们在办公室举行艺术派对的时候，那个名叫陶尼克斯（Tronix）的人就为我们榨果汁。他成了我们的管家，或者至少是我们的厨师。他只会做烧鸡，但对我们来说无所谓，于是我们的夜宵就是烧鸡和果汁。第一个夏天，我们把地下室改成了泳池、影院和饮酒室。可以想象，这个地方的使用率很高。每天晚上，实习生们都在这里举行派对，直至夜里 2 点甚至更晚。

所以，早上我不得不把他们叫起来。刚开始，我亲自去每个房间把住在里面的三四个人喊起来。我时常被不愿意起床的实习生推倒在地。两个星期后，我不想再当真人闹钟了，于是我尝试其他的办法。开始时什么都不好用，后来我在每个楼层安了一个巨大的喇叭，以最大的音量播放吵闹的音乐。

由于整座房子里只有一个淋浴喷头，往往是大家还没洗完，热水就没了，所以我们不得不排出轮流洗澡的时间表，而最后那个倒霉的实习生必须把堵在排水孔的细小毛发清理干净。

早餐随便吃，吃完之后我们坐车去工作的地方，差不多一半的人去拿骚大街的办公室，另外一些人去大棚铲蚯蚓堆肥或者装肥料和贴标签。我们还有一队人马去护理草坪。我们的想法是：把蚯蚓堆肥用在我们服务的草坪上，这样就会出现一个自然的增效效应。但由于其他名声更大（设备更好）的公司的竞争，加上实习生们在顾客的草坪上玩闹，这件事一直没什么进展，我们努力了两年，最后只好放弃了。

办公室总有人很晚才离开。有几次我们发现潘娜拉面包连锁店（Panera Bread Co.）在普林斯顿的分店总在10点关门后把当天的面包和甜点扔掉。于是，不管晚离开的是谁，都要在那儿停下来，把一袋袋当天烤的面包拿走。

实习生干着正式员工应该干的活，志愿者也干了很多。其中，有的人很差劲，有的人要靠你支使，有的人则富有创造性和奉献精神。这个过程很精彩，也很累人。我不出差的时候就监督他们，每天16个小时。因为所有实习生都是我的同龄人，所以我干起来难度特别大。

尽管遇到了各种困难，实习生们在那个夏天还是发挥了极大的作用。为了让人们把TerraCycle植物肥料从网上家得宝虚拟的货架上搬回家，他们给所有自己认识的人打电话，包括他们的朋友、家人、媒体、当地的商店和园艺俱乐部，凡是能想到的人都联系了。那个夏天，TerraCycle植物肥料逐渐成了畅销货，网上家得宝重新开始订货了，而且我们的产品成了网上家得宝销售最快的植物肥料！

这让工厂的问题变得更加迫切，因为如果我们真的和大卖场合作，我们就必须大幅提高产量。但由于我们唯一的订单只来自网上家得宝，购买工厂仍是一大冒险。

我们在普林斯顿周围搜索厂房，但价格太高，我们放弃了。

而当我看到特伦顿的房价时，便意识到那里是我们的去处。这不仅仅因为特伦顿能按照我们的出价提供最好的地方，也因为那里的人们需要工作。于是，那年夏末，我们冒险在特伦顿东北部的纽约大街购置了一栋房子，随后我们从普林斯顿的地下办公室搬了出来。

我们找到的工厂位于市区，包括一栋L形楼和一栋矩形楼。在L形楼拐弯处的前面有办公区，两边各有一个开放的大房间，背面有一个装货点。听起来不是很大，但对于当时的我们来说已经非常完美了。有地方放装堆肥液的塑料游泳池，有地方放灌瓶机，所有东西都有地方放。事实上，这栋楼看起来很大，要知道我们以前是在那100平方英尺的大棚里生产的。

当然，工厂里面到处都是以前企业留下来的废旧物品，那是一家经销报纸的公司。他们留下的东西包括100个巨大的铁桌，装订设备和50辆破旧的手推车。所以我们首先要做的就是把这些东西清理掉。

我们要搬的这个穷地方备受匪帮暴力的折磨，让我们面对吧，我们主要是来自中产阶级的普林斯顿大学学生。我们无论如何要与邻居签订一份“和平条约”，最起码也得签订“不侵犯协定”。此外，我们决定利用我们社区面临的另一个问题——涂鸦，来创造价值，为社会和环境谋福利。

我们的工厂既破旧又丑陋，于是我们进行了宣传：人们可以随意在工厂的墙上作画。最先来的是利昂·雷恩博（Leon Rainbow），他是涂鸦和人体艺术家，我是在一年前拿骚大街办公室的派对上认识他的。

多数人把涂鸦视为垃圾，他们觉得涂鸦破坏了建筑和其他结构的外观。不仅如此，要想除掉涂鸦，他们还得像清理垃圾一样花钱。而对艺术家来说，清理涂鸦意味着社会要倾力毁掉他们的表达方式。所以当我在特伦顿买了工厂之后，我联系到了利昂，让他带人过来，在工厂的墙上作画。结果令人惊异——涂鸦艺术家把工厂的外观给改变了。现在，我们工厂每个月都会得到全新的艺术装饰，而且不用付钱！

但与此同时，我和罗宾与大卖场会面的线断了，起码那个夏天是这样的。网上家得宝的销售情况很好，但我们近期没有其他订单，只有和沃尔玛加拿大的最后一次会面。

我和罗宾一直在联系沃尔玛。终于在秋初，有人接听了电话。有意思。罗宾仍然记得，是我最终真正联系上了人家。我记得对方是个男的，不管他是谁，我们接触上他可能只是因为他再也不想在电话里听我们的介绍了，他受不了了。于是我们进行了第一次会面。我们用电脑对产品进行了介绍，还带去了几瓶 TerraCycle 植物肥料和其他所有我们能够带去的东西（包括蚯蚓）。

买方建议我们去和沃尔玛加拿大谈，和多伦多园艺用品最大的买方谈。这是一个意义重大的时刻。每个人对我们说，无论怎样，会面不会超过 15 分钟。如果买方喜欢我们，15 分钟绝对是上限；倘若买方不喜欢我们，五分钟足矣。

当我们走进会场，我戴着约翰·迪尔牌（John Deere）的帽子，罗宾穿着他的卡其裤，我们两个人都感觉到买方随时都准备让我们离开。他算不上友好，但他的态度很明确，他只是和我们见面，当然可以让我们走人。

我们事前让比尔在环境研究推广中心的园子里摘了三个最大、最饱满的西红柿。当我们走进去的时候，什么也没说，只是把西红柿放在桌子上，坐了下来。买方看了看我们，终于问："西红柿是什么意思？"他是不允许接受卖主的礼物的，这我们知道。

罗宾说："我们想让你看看我们的植物肥料是如何促进蔬菜生长的。这些是不是你所见过的最漂亮的西红柿？"买方没有表态。"另一个原因是，如果你不喜欢我们今早给你看的东西，你可以用它来砸我们。"

坚冰被打破。30 分钟后，他依然对我们很着迷。他喜欢用垃圾制造和包装产品的整个理念，特别是产品价格不高这一点。他看着我们，仿佛要说："我以为自己什么都听到了，可我想错了。"他喜欢我们，喜欢我们在努力做的事情。他告诉我们，他会好好想一想，然后给我们答复。

我们正要走，他拿起西红柿，在手里掂了掂，好像看看有多重。然后他说："你们觉得这些西红柿有多重？我说它们能有两磅重，你们觉得呢？"我微微点点头，不知道他是什么意思。他随后从衣兜里拿出三美元的钞票，递给我说："谢谢你们的西红柿，它们看起来真不错。"

我们能够做的就是回家等着。

媒体一直在以令人吃惊的方式帮助我们。那年夏天，加拿大电视新闻杂志《企业》（*Venture*）开始拍摄关于 TerraCycle 的长达一个小时的纪录片。我一直受到加拿大媒体的关注。公司的理念再次给我们创造了机会，如果我们按照常规做事，是不会有这些机会的。那个夏天和秋天，他们都在拍我们。

接着在圣诞节前，哥伦比亚电视台（CBS）的"晚间新闻"节目在全美国播放了我们的故事。在介绍时，丹·拉瑟（Dan Rather）说我们证明了"美国梦依然鲜活"。他们给了我们两分半钟的时间介绍，并评价："这个产品的效果确实非常好"。记者吉姆·阿克塞尔罗德（Jim Axelrod）在节目结束时说，TerraCycle 的故事"提醒大家如何追寻自己的梦想，彩虹尽头的那桶金也许需要用一吨的废料来交换"。

这个节目也报道说，我们和家得宝以及沃尔玛做成了交易。是的，就在不到两周之前，沃尔玛为加拿大的每家分店都订了货，而且数量很大。当罗宾接到他们电话的时候，加拿大电视台的工作人员正好在那里录制节目。现在，我们准备面对 TerraCycle 和生态企业的真正考验：能否在主流中获得成功。

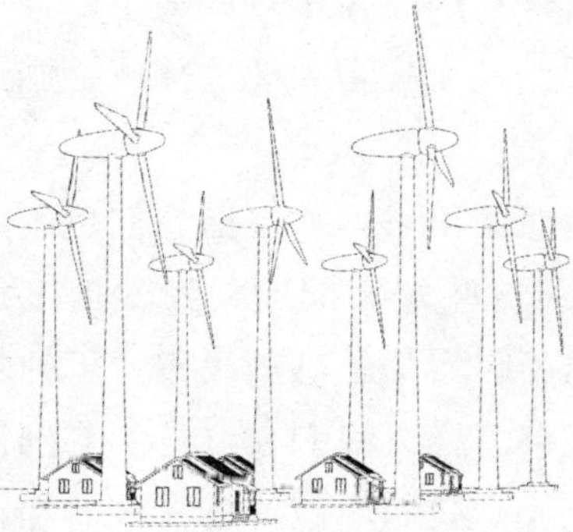

第七章 沃尔玛的订单

获得沃尔玛的订单可能是 TerraCycle 历史上最激动人心的时刻。这不是网上的小订单，它的订货数量相当大——十万瓶，价值超过 25 万美元。仅这一份订单就相当于我们 2004 年全部销售额的四倍。这笔交易不仅金额大，而且对公司的未来意义深远。我们有机会在世界上最大的零售商面前展示自己的风采。这关系到 TerraCycle 的生死存亡，并且这个机会在一个企业的历史上仅有一次。我们必须勇敢地往前走，而且走得越快越好。

我们只有一个潜在问题。不对，潜在问题很多。位于市区的工厂空旷破旧，我们仍然在努力清理，为安置蚯蚓堆肥机、制造设备、装液体的桶和灌瓶机作准备。我们只有一台蚯蚓堆肥机，两个六英尺长的盆，一个租来的瓶装生产线，而且运行得还不怎么好。

我们没有员工，没有设备，没办法生产出订单要求的三万加仑蚯蚓堆肥液。在 2004 年大棚生产时，如果好的话，每周的产量为 1 000 加仑，这还不包括装瓶和贴标签等其他程序。全部订货都必须在 2 月中旬运走，这要求我们要在两个月内把产量提高三倍，可我们却在创业阶段。为此，我们需要更多的人手，最要命的是刚好赶上圣诞节假期。剩下的几个实习生要去休假，当地人要准备过节。而我们的钱也不多了。

兴奋之余的问题也令人头疼。瓶子不够，靠自己我们也生产不了那么多的蚯蚓堆肥。每当想到这些现实问题，我就极度痛苦。假设你是企业家，你只能作出当时看似正确的决定。可怕的是，你总在作决策，却不知道未来会怎样。我们在自己的基础设施不完备的情况下向沃尔玛出售产品。我们应该等备齐机器和存货之后才去找他们吗？如果订单没来怎么办？到时，我们就会没有像来自沃尔玛订单这样的推动力，我们就会破产。

搞到瓶子是罗宾的任务，这几乎把他逼疯了。也许比这更糟糕的是，它威胁到了 TerraCycle 的核心思想。在沃尔玛订货的时候，除了罗宾和我，其他人都赞成购买新瓶子。比尔和大家都认为，我们应该干脆去买新瓶子。我们确实没钱买，我们也没钱做任何事情。让我感到焦虑的不是钱，而是回到常规方式的想法，放弃在我们濒临破产时拯救我们的创新方法。

我和罗宾想坚持产品全部来自垃圾的原则。我们并不是多么固执，而是我们看到了用垃圾生产和包装产品的思想的强大力量。你一旦开始削弱它，它就失去了魔力。

另一方面，我们断定不了在过去的一年里那些学校收集了多少旧饮料瓶。几乎不可能说清楚。有时候我们装满了大棚的空闲地方——你可以想象一下，一个大约 50 英尺宽、100 英尺长的房间里装满了约三英尺高的旧饮料瓶。如何知道到底有多少瓶子呢？我们不能浪费一点儿时间，所以我们先用学校收集来的瓶子——很快就清楚了，现有的瓶子还远远不够。

接下来，罗宾去跑特伦顿的每个回收中心，没有任何收获。按照惯例，回收中心要把所有的瓶子压碎，因为它们关心的是塑料而不是瓶子的形状。对回收企业来说，瓶子提供有价值的塑料聚合物（比如说，0.2 美元一磅），它当然也有形状，但对那些企业来说，它的价值是负的。外形是垃圾，回收中心要花钱毁掉形状，以便得到有价值的聚合物。

对生态企业家来说，瓶子的外形和塑料都是具有价值的资源。也就是说，我们准备花钱把瓶子从回收中心拖走，而对方得到的补偿等同于它们加工瓶子的费用。我们按照回收中心回收每磅瓶子的费用来支付，但由于我们把瓶子拉走，它们的工作量就减少了。这是双赢的结果：我们得到旧瓶子，它们获得较高的边际利润。这是生态企业赚钱的一个大手笔：那天结束的时候，我们得到了美国最便宜的瓶子供货源。2008 年，我们得到了 BJ's 订购除冰剂的大订单。由于矿物燃料价格上涨，塑料价格也随之上涨，除冰剂的包装成本也相应提高。由于我们用一加仑装的旧奶瓶包装除冰剂，所以我们能以最低廉的价格给 BJ's 供货。随着矿物燃料的价格上涨——不可避免地还要上涨，TerraCycle 的模式会变得更加有利可图。汽油价格的上涨对 TerraCycle 来说是一大福音，因为这强化了我们的竞争优势。

然而，2006 年，没有一家回收中心愿意仅仅为我们这份订单而改变其处理流程。我们绝望了。就在我们即将被迫去买新瓶子的前几天，罗宾有了新发现，那就是，住在像纽约这样执行“退瓶法”的州附近的好处。在执行“退瓶法”的州，人们可以把瓶子送到回收中心，每瓶领取 0.05 美元。

那么，这些州立退瓶中心有什么不一样的地方吗？有，它们不把瓶子压碎！它们往往把瓶子整理好，送到回收中心（那里会把瓶子压碎）。在纽约的回收中心，大型卡车从全州的各个地方运来海量瓶子。它们把瓶子倾倒在传送带上，送到一台机器面前，把塑料和金属分离开。

这是我们的救星。我和罗宾会见了回收中心的主任，问他我们能否从他手上运走所有 20 盎司装的瓶子。我们告诉他，我们要在瓶子运来时就拉走，付给他的价钱是瓶子加工后的价格。刚开始，他不愿意。毕竟这是新情况，这意味着他要改变体系，没人喜欢这样做，特别是为州政府工作的人。我们这个办法存在一个缺点，那就是最开始时总是非常艰难。为了解决这个问题，我们必须要发明新的物流流程。

如果我们弄不到那些瓶子，沃尔玛订的货将不得不用新瓶子来装，而 TerraCycle 植物肥料将不再是唯一一个完全用垃圾生产的产品。我们的所有努力都将付诸东流。

终于，那位主任勉强答应我们可以拉走瓶子，但要做所有的工作。“噢，你们必须提供所有的‘gaylord’。”说完，他转身走到桌前，作了记录。

罗宾说：“好的，没问题。”我大声对他说：“gaylord?”他向我“嘘”了一下。我们一出来，我就忍不住笑起来。罗宾向我解释说，“gaylord”就是 4 英尺×4 英尺×6 英尺这样的大箱子；他说，你学着点。

我们雇了几个人在回收中心挑瓶子。我们甚至把需要的那种瓶子画成了大幅图画，挂在墙上。这样，当那些挑瓶子的人拿不准的时候可以参照一下。他们把瓶子从传送带上拿下来，扔进通往大箱子的斜道里。

最后一件事就是设备。首要问题是大桶。我们需要 15 个 500 加仑的大桶，这样能够根据时间表来生产足够的蚯蚓堆肥。但由于我们是在圣诞和新年假期准备这些订货，没有设备制造商为我们生产任何设备。每个定制箱子的店铺都有一个订货至交货的时间，这需要 8～10 周，这将毁掉我们的订单。

这个问题需要我来解决。什么物体能够订购而且可以至少装 500 加仑的水呢？首先，我订购了一些露天游泳池，交货快但不牢固。结果每个游泳池都使工厂（我也在里面）发生了蚯蚓堆肥的海啸。最后，我发现了喂马槽。这东西看起来像巨大的儿童游泳池，而且建造得很牢固耐用。

问题解决之后，我们马上开始工作。第一批 3 万～4 万个瓶子是用脱漆剂贴的标签，后来我们买了热收缩包装机。

2月4日午夜，我们开始正式冲刺。我们一直干了15天，每天20个小时。大部分晚上，罗宾和我睡在工厂里，比尔工作的强度和我们一样，但他不睡在工厂里。困了，我们就在前面那个办公室地板上小睡一会儿。我们没有时间在特伦顿找旅馆，也没有时间去想。不过，我们成功了。2月中旬，我们按时完成了任务，但身体却支持不住了。我们至少向自己证明：生态企业能以最高的水准运作。当最后一托盘的货离开工厂的时候，我们的钱也花光了。我们不得不去催应收账款，玩命地筹措资金。

如果你把我们理解为只是一群想干什么就尝试什么并让它运作起来的人，你是对的。我一直边干边学。出现问题，我就研究它，努力把它解决掉。你无法研究如何成为企业家，而只能在磨难中学会如何做。

不过在某种程度上，你可以学会成为企业家。所有企业家的经历都是相似的，不管你是把蚯蚓堆肥卖给沃尔玛，还是把年级跟踪的应用程序卖给公立小学，最后，总有很多相似的地方，这会让你经常保持这种心态。我从来没想过我们得不到订货，不是因为我们是英雄，而是因为我不那么想。停下来想想能不能做到是在浪费时间，你就干吧。

如果我们去买新瓶子，我们也许会提前完成任务，而且苦恼也不会那么多，但我仍然认为，那将抛弃我们最基本的东西。我和罗宾都相信，如果我们坚持在别人视为垃圾的东西上找到价值这一模式，我们最终会得到投资的最大回报。如果你过于强调"生态"或者"资本主义"，你就错了，因为正是这两方面的组合才共同成就了我们的企业。

我们把货交给沃尔玛之后，加拿大的媒体沸腾了。所有主流的报纸和商业报纸都刊登了我们的故事。加拿大广播电视公司(CBC)拍摄的那部长达一个小时的纪录片——结尾是罗宾打电话告诉我沃尔玛订货一事——就在我们即将完成订单的时候播出了。因为他们见证了所有事情，所以他们有很多"奇异的"镜头。他们甚至让我穿上了类似超级英雄的服装，让我打扮成蚯蚓养殖人。这类事情是你不惜任何代价让企业生存下来时必须要做的。

此外，我们时间选择得特别好，运气奇佳。2004 年，多伦多制定了富有争议的地方法规，意在鼓励业主们避免使用杀死杂草和虫子的人造化学品。到 2005 年，大概有 70 个加拿大城市通过了这个法令，禁止或者限制在维护草坪时使用杀虫剂。

TerraCycle 植物肥料完全顺应了这种环保的新意识。沃尔玛发言人凯文·格罗（Kevin Groh）对《多伦多环球邮报》（*Toronto Globe and Mail*）说，TerraCycle 植物肥料是“我们不会藏在商店角落里的东西”。我们一下成了几十家报道的主角，突然间，那些以前从来不接电话的各种商店都对我们的产品产生了兴趣。

接到新订单，我们显然需要更多的帮助。比如说，我们首先需要一名接待员，这样人们可以在工厂里转悠，而我们可以在后面准备。她来了之后，我们就着手招聘更多的人。我们在报纸上刊登了一则两行文字的广告，招的是从事最基本的工作——装瓶、装箱、清洗等等。共招四五个，工资很低（不过比我和罗宾领的多），要求人们周一亲自来申请。罗宾周日晚上从多伦多赶来帮我面试。

周一早上，我和罗宾一起开车去工厂，看到人们排成一条长龙往前游动。我转过头对罗宾说：“那家医院也在招聘。”然而当我们过了医院时，长龙还在往前走。TerraCycle 工厂离这里还有三个街区。

罗宾转过头对我说：“汤姆，我觉得这些人是冲我们来的。”我们惊慌地对视了一下——如果是冲我们来的，我们怎么可能应付得了这么多人呢？我说：“不，不，这不可能。没人知道我们是谁，也不知道我们是干什么的。”然而队伍一直延伸到 TerraCycle 工厂的前门。罗宾对我说：“别急，别急。我们现在有接待员了。她会先帮我们处理的。”

我们把车停好，拿出一小摞刚刚复印的申请表（我觉得自己尽了最大努力，复印了 25 份），绕开所有等着进去的人们走进厂里，告诉他们“再等几分钟”、“别着急”、“我们马上回来”等诸如此类的话。我们挤进工厂前面，你可以称之为招聘区，不过有点夸张，因为从前门到大厅的门口只有一张桌子。

我们走到接待员的桌子时，她站起来朝我们喊到：“你们是笨蛋!”然后沮丧地挥舞着拳头。“我不干了!”她跺着脚走出了工厂的大门。

我看着罗宾，说：“我们现在做什么?”

罗宾毫不迟疑地说：“你知道，在那个队伍里有接待员。”于是，我们在从垃圾堆里搜来的桌子前坐下，开始接受申请。

在沃尔玛付钱之前——不到一两个月的时间，我们再次破产了，于是我们着手去找更多的投资。马丁·斯坦一如既往地大量注资，其他新的投资者也加入进来。截至 5 月份，我们已经筹措到了 150 万美元。不仅如此，5 月份是普林斯顿一学年的结束时间，我们又迎来一批新的实习生住进了特伦顿的房子。

这不仅对公司发展有利，我也松了一口气。我在特伦顿的大房子里住了整整一个冬天，生活极其简单。素妍害怕待在那儿，所以不来看我。这座房子出奇地大，我从来不知道声音是从哪儿传来的，即使住在那里，我也不知道那些声音是什么。偶尔有实习生来陪陪我，多时有十个，但大部分时间都是我一个人。如果我不在这里工作这么长的时间，我也许还会睡在办公室里。

资金和新实习生来的正是时候。我们把他们派出去走访加拿大的每家沃尔玛店——从哈利法克斯到不列颠哥伦比亚省，给超市的售货员讲解我们产品的知识。他们干得非常棒，我们的销量很快便开始直线上升。

另一个令人兴奋的事情是：我们的大型超市行动捕获了肥料行业最大的猎物——和家得宝（美国）进行会谈的机会。2005 年 4 月，我说服当时的顾问埃里克·史密斯（Eric Smith），安排我和家得宝最大的肥料购买方约翰·富勒（John Fuller）见面。和往常一样，大家都告诉我，会面不会超过15分钟。

我穿着平时穿的T恤衫，戴着约翰·迪尔牌的帽子，走进位于亚特兰大的家得宝的休息室。这是我第一次和埃里克见面，我可以看出他很吃惊。他上下打量着我，之后让我什么也别说，听他安排。

那次会面如同和沃尔玛的第一次会面一样，持续了一个小时——埃里克一句话也没说。和其他人一样，富勒对我们的经营模式和介绍都非常感兴趣。实际上，埃里克也是这样。四个月后，他辞了职，来TerraCycle做销售部副经理。

2005年8月，家得宝同意在新泽西的店铺里试销我们的堆肥。那是我们在美国的实体店迎来的第一个好运。那一年，我们的销量增加了400%，年终时销售额达到了45万美元。

我们的销量已不仅仅是稳步、温和地上扬，而是我们得到一个大订单，履行订单，喘口气，然后再接另一个大订单。我敢肯定，那一年，比尔有好几次差点儿要杀了我。我总担心没有足够的产量来满足大型超市的需求，于是不停地催他提高产量。这就意味着什么都得更多、更大。我们从填埋场搜来了两个5 000加仑的大桶，用来制作堆肥液。桶太大了，工厂的大门都进不来。我们只好把桶盖锯掉，这才搬了进来。

除了设备之外，比尔一直在寻找蚯蚓堆肥的新货源。我们给每个我们能够找到的蚯蚓养殖户打电话，看看他们是否愿意把堆肥卖给我们。结果发现，很多人都陷在了过去的庞式骗局之中。自然，他们十分高兴最终能找到蚯蚓堆肥的买主，而在南方，一个养殖户的存货相当大。

但问题是，每一批蚯蚓堆肥的成分都存在稍微的差别。后来，比尔把各种蚯蚓堆肥综合在一起，研制了一个秘方。他必须把堆肥混合起来，进行测试，再混合起来。

很幸运，那一年我们所做的一切好像都成功了。

2006 年 6 月，《Inc.》杂志刊登了封面故事，把我们称为“美国最酷的小企业”。那一期成为当年《Inc.》杂志销量最好的一期之一。我们不知道自己会上封面，也不知道他们会为我们创造新的范畴。那篇文章本身就是一个给我们产品作宣传的最佳广告。文章说，我们的产品效果和市场上大牌子的植物化肥一样，而且文章也道出了我们成功的真正原因：“现在，TerraCycle 好像天时地利人和。然而看看今天，你可能从未想到，这家公司曾经常濒临破产边缘。不过每一次都有天使来拯救萨基和他的计划。最终，事实证明 TerraCycle 是拒绝死亡的企业　　这是反映独创思维力量的经典案例。”

一个月后，“零足迹”（Zerofootprint）——一个意在帮助人们测量他们向环境排放的碳足迹多少的组织，宣布 TerraCycle 植物肥料是首个经其认可的消费商品，我们是其调查过的商品中唯一一个对环境没有副作用的产品。

媒体的大力宣传、市场地位的显著提高，加上新的投资，这一切让我们的销量暴增。我们的销售额从 2004 年的七万美元增至 2006 年的 150 万美元。我们那间在购买之初看起来空旷的厂房现在看起来也有点儿小了。

2007 年年初，我们的产品开始登陆塔吉特百货公司、全食超市、克罗格、沃尔玛（美国）等大客户市场。我们投放了新风味的蚯蚓堆肥：兰花和非洲堇植物肥料、浓缩草坪肥料、浓缩液体花肥、盆栽肥料和种子发酵剂。我们正迈向新的目标：让销售额再度翻番，变成 350 万美元。我们起飞了！

太完美了。

第八章

史高斯诉讼案

如同醒不来的噩梦一样，2007 年 3 月 6 日，史高斯·奇迹集团（Scotts Miracle-Gro），美国最大的植物肥料公司，把我们告上了法庭。先是发送电子邮件，然后派人递交，接着邮寄挂号信。来势汹汹，势不可挡。长达 173 页的文件说，我们虚假宣传 TerraCycle 植物肥料“优于主要的合成肥料”，我们的包装——对方称之为我们的商业外观——与奇迹集团过于相似。

更糟糕的是，我们的法律顾问里克·奥伯（Rick Ober）不在家，他正飞往俄亥俄州的马里斯维尔。为什么去那儿呢？因为那里是史高斯美国的总部所在地，里克要去那里见史高斯的律师。

这不是我们第一次接到史高斯的诉讼。2006 年，他们通知我们说，他们很关注我们的包装和广告。我们感到有点意外——史高斯·奇迹集团竟然知道我们。不过，我们马上回复说，我们愿意和他们一道消除他们的疑虑。我们没有和哪家公司竞争的念头，估计能和他们达成和解。我们继续进行新一轮的融资，良好的发展势头表明，我们能够实现 200 万美元的目标。事实上，我每天都在等着收到报价或者支票。

如今的史高斯非同寻常，是美国企业成功的伟大经典案例之一。实际上，我希望 TerraCycle 能有一天复制它的发展轨迹。这是一个关于幻想、创造力、决心和辛勤工作得到回报的故事。它从一个基本上是在后院起家的地方企业发展成为身价 30 亿美元的企业。

让史高斯真正走向成功的是公关专家霍勒斯·哈格多恩（IIoracc Hagedorn）。根据哈格多恩家人制作的哈格多恩 DVD 生平介绍和可找到的宣传资料，哈格多恩对他推动的产品“奇迹”的潜在价值非常看好，于是他承揽了越来越多的业务，最后，他出资购得了公司。

奇迹公司的主要竞争者是比它大的公司史高斯。不过哈格多恩不想让对方的规模挡住他前进的脚步。他亲自制作了一系列广告，利用演员詹姆斯·惠特摩（James Whitmore）那张满是皱纹的脸，直接把奇迹公司产品的效果与史高斯的竞争产品作比较。广告取得了极佳效果，史高斯公司最后找到哈格多恩，提议让两家公司合并。

这家公司逐渐成为美国出类拔萃的草坪肥料生产商，现在它仍然坚守着这一地位。正如《广告时代》（*Advertising Age*）杂志所说的那样：“像其他为数不多的几个品牌一样，史高斯以大约 59%的市场份额主导着这个行业。”每当史高斯感到把自己带到巅峰的某些综合因素受到一些企业不合时宜的威胁时，它就会提起诉讼，所以说，我们不是第一家受到它指控的企业。“任何关于我们产品有效性的说法，我们都会严肃对待。”史高斯的一位发言人说，“我想这是任何开创企业和发展企业的人都会理解的，这是常识。”他们的意思也许是，我应该在普林斯顿多待一段时间。

我一点儿也没想过盗用史高斯的任何特点。在我看来，旧饮料瓶与史高斯的容器的差别是能够识别的。我承认我们在包装中使用了绿色和黄色，但那是太阳和草的颜色，而且得到了很多公司的广泛应用。在遭到起诉之前，我开始准备换掉它们，现在为了调停诉讼，办法之一便是换掉这些颜色。我有很多赞美之词想送给史高斯，而这些赞美是调停协议禁止我说的。

当传票送达我手里的时候，我不得不承认，我吓坏了。我们好不容易开始走进大卖场，销量激增。而我知道旷日持久的诉讼会让我们停滞不前。一方面，如果诉讼持续时间过长——一年都是很平常的，诉讼费可以轻而易举地达到100万美元。打官司要涉及各种费用，除了自己的律师，还要聘请地方律师。必须把办公室内以及从办公室流出的每页文件复印数份，并且还要以电子邮件的方式发送。这是搜集证据的一道步骤，给原告机会，看看被告是否曾经有计划威胁原告的产品或者包装等。这无疑是法律体系的关键部分，不过代价也很大，不仅是物质方面，而且还要占用大量的工作时间。有时费用非常高，小企业往往因此遭遇破产的命运。

另一个也是最难解决的问题，便是对员工的影响。这样的事情令人非常不安，也会使人斗志涣散，因为他们不知道第二天还会不会有工作，情绪低落是可想而知的。如果我们错过了装货时间，我们就会失去与这些财大气粗的零售商建立起来的信用。

所有这些原因都让我焦虑。这些事情很难讲给办公室里的人。于是我发了一封电子邮件，讲述了基本情况，然后分别与每个人谈话，尽量安抚他们，向他们保证我们会尽力为他们和公司做到最好。我们最不愿看到一个悲惨的结局。我们想要的是一个快速、愉快的解决方案。当我看到诉讼时的第一个想法就是：我究竟如何去打这场官司？

不过，我认为，任何人要想创立自己的企业或者合伙经营一个企业，都需要认识到，在事情按照你的设想运行之前都有可能遇到类似生与死的考验。像诉讼、洪水、罢工和任何导致小企业破产的事情都不是闹着玩的。你无法预测，也无法为之作准备，因为你根本不知道会发生什么。唯一的办法就是，确保在某人把你打倒在地的时候作好弹跳的准备。

令人惊异的是，就在弹跳的过程中，你也许会发现自己不曾了解的力量。或者就像我们，发现斗争本身也许就是一个有利条件。现在我可以比较自信地说，如果当初史高斯不告我们，我们不会像现在发展得这么好。

史高斯决定不与我们和解，我为此很失望，自然也很着急，不知道接下来会发生什么事情。最后我与里克商量，制定策略。首先，确保不要有人公开发表有关诉讼或者史高斯的不恰当言论，于是我们决定，只有我和营销经理兼公关员的艾伯特·扎克斯（Albert Zakes）公开代表 TerraCycle 讲话。

艾伯特喜欢人们叫他阿尔伯，他来公司仅六个月，当初他差一点来不了。前一年秋天，在媒体对我们进行铺天盖地的报道之后，我们在分类广告网站（Craigslist. com）上贴了一个招聘公关员的帖子。阿尔伯是一位环境学家，在位于科罗拉多的一个公共利益研究小组工作，科罗拉多也是他上大学的地方。

我们对阿尔伯进行第一次面试之后，觉得他好像不太合适，因为他没有公关的实践经验，我们谢过了他，但没有录用他。可他随后给我写了一封热情洋溢的长信，解释他想来 TerraCycle 的原因，介绍了他能给公司带来其他有经验的人所没有的东西。他非常拥护 TerraCycle 的理念，而且满腔热情，我不得不相信他值得一用。TerraCycle 模式的一个含义就是：完美开发美好事物的新用途。所以说，阿尔伯是我们的顶尖人物，而当不久之后营销部经理离职时，他的作用更加凸显出来。

除了员工，我还得让我们的潜在投资者了解诉讼一事。我不知道他们是否会拒绝投资，等着我们自己破产，还是干脆走开。

我们的客户怎么办？他们会不会因为诉讼而谨慎处理与我们的关系？我敢说，有人会，但不是所有人。也就是在那个时候，我要去参加家得宝加拿大的供货商销售会议。媒体也被邀请参加这次会议，加拿大久负盛名的杂志《麦克琳》（*Maclean's*）对这次会议进行了精彩描写：

> 大约2点左右，房间的气氛变得紧张凝重起来。所有目光都转向大门，一位体态娇美的金发丽人出现了，她就是家得宝加拿大地区总裁温诗睿女士（Annette Verschuren）。像喂食时的海豚一样，所有销售人员都想得到她的关注。很快，温诗睿女士的目光落在了一位头发乱蓬蓬的植物肥料销售商的身上。"汤姆·萨基！"她大叫起来，然后倾下身做了一个飞吻。"你看到我们新的《生态选择》（*Eco-Options*）杂志了吗？"
>
> "看了。"萨基说，"太棒了。"
>
> "你有什么新东西展示给大家吗？"
>
> 萨基递给她一个装着草坪肥料的新型喷嘴塑料瓶。"喷嘴——摸起来很舒服。"她说，"汤姆，只要有什么创新产品，都应该考虑和我们一起试销。"温诗睿俯身对她的下属说："我们应该为《生态选择》采访一下汤姆。"接着，总裁送给萨基一本最新的杂志说："有一天你真的应该来为我们工作。"

尽管这篇文章有点让我窘迫，但我发现我们的主要客户仍一如既往地与我们合作，这让我如释重负。

然而，我们必须找到回击的方法。显然，在聘请律师方面我们比不过史高斯。他们财大气粗，作好了坚守阵地的准备。也许还没等我们在法庭上打败他们，钱就花光了。所以这么做不行。当然，里克会继续把工作做好，可除了让里克与他们斗争到底，我们还能做什么呢？

可以说，我们回到了TerraCycle的起点。没钱没势。对每个"80后"来说，出现这种情况的解决方法很明显，就是互联网。

我们开通了一个网站——suedbyscotts. com，目的是把我们这边的情况公布出去。也许多数人还没听说过 TerraCycle，他们不会知道我们是巨人企业、非实体企业，还是跨国联合企业，或者外星人。网上介绍了两家公司的情况，比如它们的相对规模、两家产品的商业外观、我们的广告词，以及设计这样广告词的原因等等。此外，还有史高斯的控诉以及我们的答复。

不过仅有网站还发挥不了作用，人们必须得知道它，并去访问才行，于是我们不得不吸引媒体的关注。我们想聘请一个外面的公关公司，不过我觉得公关公司主要是想赚每月的聘请费，不会给你造成多少新闻舆论。

于是，我们自己来做。事实上，阿尔伯十分想做这件事，因为他觉得一个大人对抗一个小孩的故事对媒体记者来说很有说服力。稿件的标题彻底阐明了这一点，我们是“由学生创办的新型环保有机公司”。我们指出，我们使用的瓶子是回收来的，是由“全美国社区的孩子”收集的，为感谢他们的非营利行为，每个瓶子我们捐赠五美分。我们说，如果我们破产了，市区的工作就没了。我们引导人们去访问这个网站。

我们并不想做得公正无私。我们给媒体提供一个牵肠挂肚的故事，而且有很多角度供它们报道。很多记者都是超负荷工作，如果你能给他们一个包装好的故事，这对你是非常有利的。多数新闻稿件都很枯燥、冗长，没有真正有效地叙述故事。对于一份难以抗拒的稿件，报纸会一字不漏地刊登出来，如果有图片和引言，也会照登。不过最关键的是标题，标题将决定稿件能否刊发。

自然，文章会随处可见，但我们首先得到的响应是来自核心伙伴的，有环保组织、学校，以及网上有环保意识的很多团体。饮料瓶收集活动对我们的帮助非常大。

3 月末，费城的 Wissahickon Charter 学校加入了“捡瓶队”，成为我们第 2000 个学校。我们同意给它们提供足够的肥料去养护学校前面的草坪。亚特兰大附近的一些学校不得不用拖车给我们送来瓶子，因为人们捐献的瓶子太多了。我们收集的瓶子差不多有 150 万个。

饮料瓶收集活动非常重要，因为这场运动让我们的名字出现在全美国数百家地方报纸上。我们每次在学校开展这个活动时，当地报纸都会进行报道。这使我们在全美国社区广结联盟。3 月是耕种季节的开始，各家报纸都在介绍我们的产品，当然也有竞争对手的产品。总之，TerraCycle 的名字比以前更常见了。

所以，我们觉得自己有好的报道题材，但必须下工夫卖掉它。记者每天都能收到几百封电子邮件，也许不会阅读你的稿件。所以你必须给他们打电话，并且让他们接听电话。一旦电话打通了，你必须要仔细思量，如何富于激情地表述，以便让对方关注。

我们取得的第一大进展源于一位老朋友泰格尼特（Tigernet）。她是我的一位在《华尔街日报》（*Wall Street Journal*）工作的普林斯顿大学的校友，显然这是我们的重点目标之一。我让阿尔伯给她打电话，她对 TerraCycle 和正在发生的事情非常感兴趣。她写了一篇文章，发表在《华尔街日报》第 2 版的首页。文章指出，我们"公司的整体销量自从网上销售以来，与前四周相比增加了 122%。去年，公司同期销量增加了 31%。与此同时，根据公司的说法，TerraCycle 主页每天的平均浏览量大约为1 000次，现在已经升至 13 000 次"。

尽管网站的良好反应和不断增加的销量提高了生产线上员工们的士气，但我们没有庆祝。我们还没有脱离险境。正如文章所指出的那样："公众的呼吁不会帮助 TerraCycle 逃脱受到起诉的现实。"作为搜集证据的程序，史高斯从 TerraCycle 拿走了大量文件，包括与产品开发有关的一切文件，与零售商签订的合同，企业战略规划书，还有很多关于"蚯蚓消耗的物质成分"的细节。

尽管如此，我们仍然需要在全国性的新闻媒体上发表文章。美联社在特伦顿设有一个新闻处，两年前对 TerraCycle 的创立进行过报道，对名不见经传的我们来说，那篇报道确实提高了我们的知名度。我们把新闻材料给他们送了过去，接着发了一封电子邮件，然后打电话，但没有回应。阿尔伯当时正在接受正规的在岗培训，他那里没有任何联系方式，我们也没有完整的新闻联系名录。看起来一切都是徒劳。

最后，我建议阿尔伯直接去美联社的特伦顿新闻处，讲给他们听，反正这样我们也不会损失什么。于是他去了，接着发生了极其有趣的事情。

他走进美联社大楼，当然那里有保安。她的职责就是不让外面的人进去。报社总是挤满人，理智的、疯狂的，他们都认为世界应该知道自己的事情，所以安保人员就在那里保障安全。阿尔伯来了，看起来像一个大学毕业生，拎着植物肥料和一捆从公司拿的资料。保安不让他进去。阿尔伯和她软磨硬泡，最后求她让他去见某个人，记者，助手，任何人都行，但结果是——没门。

最后，换岗的时间到了，一名新保安走了过来，问我们发生了什么事。“你从哪儿来?”她问。阿尔伯说他代表 TerraCycle 而来，新保安说：“噢，我姐姐用它给花施肥。她说效果非常好。”她转头对前面的那名保安说：“让他进去吧。”她们把阿尔伯放了进去。

他把我们的故事讲给一位美联社的编辑听，和多数听我们故事的人一样，他对企业的经营模式、产品和个人故事都非常感兴趣。阿尔伯大功告成，美联社进行了报道。现在我们有了真正的全国性的媒体宣传，而且没花一分钱。

具有讽刺意义的是，美联社的文章刊登在了史高斯老家的报纸《哥伦布电讯报》（*Columbus Dispatch*）上，把我们称为“小型绿色植物产品企业”。在《哥伦布商业快报》（*Columbus Business First*）上刊登了另一篇文章，开头是这么写的：“当总部位于马里斯维尔的史高斯·奇迹集团提起诉讼时，这已经不再是一件新鲜事。由于拥有几百个专利和商标，史高斯的律师们正日理万机。”接着，文章描述了我们以网络为基地进行的辩护，也提到了网站。文章结尾说：“看起来，它的基本策略就是让史高斯羞愧难当，从而撤诉。我们肯定，蚯蚓粪便与商务飞机之战不会发生。”

这取决于你的观点。法律辩论持续了整个夏天。在那期间，我们结束了第三轮融资，共筹得 200 万美元。那些投资者好像没有受到诉讼案的干扰。我们大幅拓展了生产线，新增了玫瑰花、西红柿、仙人掌和热带植物的肥料，而且提供了新容量的瓶装肥料。

与此同时，饮料瓶收集活动呈跳跃式发展。新泽西的一个小联盟开始收集瓶子。俄亥俄州的一个学校也开始收集瓶子以拯救位于婆罗洲的大猩猩栖息地。团体的类型越来越多，它们收集瓶子的目的也在不断多样化。在特拉华州，人们为特拉华自闭症学校回收瓶子。弗吉尼亚州北查理斯顿的非洲舞公司（Dance&Drum Company）收集瓶子是帮助非洲抗击艾滋病。

当地报纸几乎无一例外地对本地区收集瓶子的活动及其原因进行了报道。结果是，无论何时何地，只要我们介绍 TerraCycle 植物肥料，都会引来不可思议的协作。7 月，克罗格连锁超市在从内华达到俄亥俄的所有店铺都对我们的产品进行了试销，每个州都出现了几十篇报道。诉讼案件、我们的产品、饮料瓶收集活动，一起给我们造势，也给我们带来了丰厚的收益，进而我们用这笔钱来进行法律辩护。

9 月，那些钱终于花到头了。我们和史高斯达成了和解。

经过六个月的吵闹之后，史高斯通过诉讼得到了什么？TerraCycle 现在在美国的名声可以说响亮多了，很多关注环境的园艺师和博客作者都知道了 TerraCycle 的运作方式。很多人说，他们不再使用史高斯的产品，转而使用 TerraCycle 植物肥料，因为他们觉得那场诉讼没有必要，也不公平。我们成为 3 000 万个新闻报道的主角，这些报道包括《华尔街日报》上的五篇文章，《纽约时报》上的两篇文章。此外，进行报道的还有《芝加哥论坛报》（*Chicago Tribune*）、《波士顿全球报》（*Boston Globe*）、《洛杉矶时报》（*Los Angeles Times*）、《旧金山纪事报》（*San Francisco Chronicle*）、BBC“世界新闻”（*World News*），还有很多很多。如果我们花钱引起这样的关注，这个费用起码要超过 500 万美元。

现在我们是美国最著名的植物肥料产品生产商。2007 年我们完成了 330 万美元的销售额。我们的产品在全美国经销，打入了家得宝、沃尔玛和塔吉特以及其他很多大型零售店。经销我们产品的商店比年初时增加了几百家。“捡瓶队”活跃在美国 3 700 个地方。在官司打得如火如荼的时候，我们进行了 500 万美元的引资活动，几周之后我们就筹到了这些资金。

官司打完了，我们也壮大了，不过我不敢肯定史高斯从官司中得到了什么。如果我们转换一下角色，我会要求我的团队把采取法律行动所要花的钱用在改良产品上。这当然不是在贬损史高斯的产品，它们非常好。但提高产品性能是没有止境的，世界上没有完美的产品。如果我们公司以那种方式强大起来，我们首先会努力购买我们的竞争者。如果此路行不通，我们就会努力让自己的产品更具竞争力。

有意思的是，正当史高斯努力核查我们是否侵犯了他们的经营模式时，我们再次对自己的经营模式进行了革命化。我们很高兴看到植物肥料产品得到了快速发展，但我却对应用 TerraCycle 模式所衍生的其他方式产生了浓厚兴趣，这就是：找到新方法来使用垃圾，但其他人要付钱给你处理，并且把这种方法推广到各种完全不同的产品上面。这种模式能否应用到其他种类的垃圾上面？是否可以应用到其他每种垃圾上面？如果有这样的新方法，它们有什么样的局限性？既然我们垄断了蚯蚓堆肥市场，为什么不寻求这些新方法呢？

第九章

为什么不用垃圾制造一切?

在短短四年的历程中，TerraCycle 是一个不断创新演化的理念。在蒙特利尔那一惊讶的时刻之后，公司一直进行废物管理。我们的出价比其他废物回收企业的低，因为我们是把垃圾喂给蚯蚓，而不是建造一个现代化的垃圾填埋场——那是一个复杂而且需要高度管理的项目。

接着我们看到了利用垃圾喂食蚯蚓的妙处，而蚯蚓产生的废物则成为我们的主打产品。TerraCycle 发现了一个基本原理：别人视为垃圾的东西可以被视为原材料。来自食堂的垃圾喂给了蚯蚓，来自蚯蚓的垃圾是功效非常高的植物肥料。

所以，在把 TerraCycle 植物肥料投放市场的过程中，我们不经意地为消费品创造出一个新的范式。我们证明，因为我们的产品既对环境高度负责（也许是最负责的），又对社会高度负责，所以能够以较低的价格零售，并且在全球最大的零售商那里获得成功。给社会带来的利益并不是这个过程的副产品，实际上，它们确实有助于产品保持较低的价格。这个优点是多数环保产品不具备的。

与此同时，我们也发现，按照自己的方式行事往往在开始时很艰难，原因是我们必须创造整个新的供应链——我们有效地把通常进入填埋场的垃圾渠道改道了，使它流进了我们工厂。这就导致第二个惊讶时刻的到来，这时，我们看到人们正在扔掉的或者正在回收的饮料瓶是再好不过的原材料。我们一直从垃圾箱里捡办公家具，不过我们第一次认识到，大幅拓展我们的垃圾搜寻行动可以强化我们的生产线。我们发现，当代的美国是一个巨大的工业品垃圾箱，生产商总是把产品，甚至是完好的产品扔掉或者进行回收。这为 TerraCycle 开启了泄洪的闸门，废弃的喷嘴盖、包装材料等都唾手可得。还不止这些。举个例子，由于艺术制品卖不出去，美国的一大零售商每年扔掉 3 500 万张贺卡，装了满满 42 辆卡车。

“垃圾”完全是一个现代的人为的看法，我不再把垃圾看作垃圾，而是慢慢地把它看作是一种商品，是一种具有某种独特特点的商品：具有负的或者非常低的价值（人们往往要花钱把它处理掉），往往是具有其他某种功能的副产品，遍布我们周围，几乎我们生活的每一部分都要创造它，数量巨大（比能够想象的还多）。20 世纪 60 年代以来，美国单消费者创造的垃圾数量就几乎翻了三番，每年超过 2.5 亿吨，相当于每人一吨。所以，美国按照重量出口最多的商品就是垃圾。那里有数百个不同的废物源，其中很多几乎完全是消费者看不到的。很多垃圾被肆无忌惮地扔到海洋里，在太平洋上有一个面积相当于堪萨斯州的塑料垃圾堆在缓缓旋动。这个漩涡被称为“亚洲垃圾岛”、“垃圾漩涡”，或者“东方垃圾带”。

我开始以不同的视角看待垃圾世界，部分原因是我们的 TerraCycle 植物肥料开始碰壁。尽管我们提供了各种新品种，但事实是，植物肥料市场，尤其是液态植物肥料市场很小，相当于固态肥料市场的 1/10，而后者是家庭清洁用品市场的 1/10。如果我们想成为亿元企业，我们需要把我们的模式应用到液态植物肥料之外的产品上面。

所以，再次重新塑造自我的时刻到了。我们不想刻意成为世界上生产最环保的植物肥料企业，而想努力成为世界上生产最环保的消费品的企业。我们除了生产蚯蚓堆肥，向外迈出的第一步仍然定位在园艺方面。我们创造的垃圾有没有可以用的？我们发现有。

蚯蚓堆肥液制作完后，留下了大量“用过的”蚯蚓粪便，如同我们在家泡茶后留下的茶叶（只是量很大）。从某种意义上讲，我们扔掉了茶叶袋，但我们的茶叶是有用的。（你的也是这样，你可以把茶叶倒到堆肥机里。）尽管一些营养被过滤进了 TerraCycle 植物肥料，但用过的蚯蚓粪便仍然存在大量的物质。于是，我们把用过的蚯蚓粪便作为盆栽肥料和种子发酵剂的主要成分。这两种产品受到了市场的广泛欢迎，不过我们还是没有跳出蚯蚓粪便的圈子。

随着我们关注的焦点日益拓宽，我们一直在不断寻找把垃圾转化为可行产品的方法。在我去拜访一位投资者的时候，一个伟大的想法诞生了。那位投资者名叫里奇·弗兰克（Rich Frank），在那帕谷拥有一个葡萄园。加州的葡萄酒举世闻名，但作为酿造葡萄酒最重要的工具之一的酒桶，实际上源自非洲。由于美洲和欧洲国产橡木供应不足，酒桶制造商从非洲进口橡木，但一般情况下先把橡木运到法国，因为那个国家有制作酒桶的悠久历史(称之为制桶业)。到那之后，橡木被手工制成漂亮的 55 加仑装的酒桶，然后被运往世界各地，特别要运到那帕。在那里，酒桶用来把葡萄发酵成葡萄酒。难怪每个酒桶的价格几乎达到了1 000美元。

橡木桶和可重复利用的不锈钢桶相比，酒园更喜欢前者，因为橡木桶能给葡萄酒增添一种醇香的味道。不过，当葡萄酒被排出去之后，也就是用了第一次之后（仅一次），这些酒桶就会被扔掉。葡萄酒当然对橡木有影响，当酒桶接触空气的时候，就发生了各种化学反应，散发出新酒的味道。于是酒桶就成了垃圾，尽管是特别豪华的垃圾。噢，太棒了，我当时想，也许有一天我会用上它们。

也就在我去拜访里奇的那段时间，我们一直在征求沃尔玛、家得宝和其他客户的意见，看看他们希望 TerraCycle 下一步生产什么。

在诉讼案结束后不久，我和罗宾去家得宝为下一销售季节推销产品。见面会进展得很顺利。在我们差不多要讲完的时候，我对买方说："我肯定能找到一种方法，用垃圾来制造所有东西，而且比其他任何使用新材料的产品价格都低。你们现在需要什么?"买方说，他觉得堆肥机生产线存在一个缺口。我们需要一种家庭堆肥机，零售价不仅低廉（低于 200 美元），而且比主导市场的塑料堆肥机更漂亮。

堆肥机的品种繁多，从技术含量非常低——基本上就是一堆厨房和花园垃圾——到非常复杂的容器，里面有多个小隔间，可以自动搅拌材料，直到它们变成堆肥。所有堆肥机基本上需要做的就是盛装正在分解的有机垃圾材料。它需要一个入口，理想的情况就是有一个能够安全关闭的门，这样你可以把垃圾放进去，把堆肥取出来。可以通过搅拌来加速分解过程，所以能让堆肥机旋转起来也是一个优点。由于堆肥机可能被放到外面，所以它还应该是防水的。

罗宾、比尔和我反复思考这些想法，我想到了葡萄酒桶。罗宾认为，酒桶是最佳的选择，于是他开始着手设计。

几天后，我到了多伦多。我看了一眼罗宾的设计说："我敢说，如果我们用另外的方法来设计，性能会更好。"罗宾沮丧地举起了手。按照他的设计，酒桶是立着的。我意识到，如果把桶放倒，它会成为最棒的旋转堆肥机。那天，我们坐下来，重新进行了设计，最后拿出了非常简单的设计方案：把酒桶放倒，在底部切割开一个口，装上一扇门，酒桶马上变成了旋转堆肥机，可以用脚滚动。晚上，我们加了一个带有四个轮脚的简单底座，把桶安在轮脚上，瞧，桶轻松地转动起来。第二天，我到了亚特兰大，把这个装置给家得宝买方看，他非常喜欢，同意在很多店铺里试销。“噢，随便问一下，”买方说，“我们还在寻找好雨桶，也是价格低廉、比塑料桶好看的那种。美国的很多地方都在干旱，人们越来越有兴趣收集雨水来浇园子。看看你们能不能有办法。”

我们太能做了。用酒桶收集雨水再理想不过了，因为它具有防水的必备特点，能够承装55加仑的液体，看起来很漂亮，有着传奇般的经历，甚至还带着那帕谷的葡萄酒香。需要你做的就是在盖子上开一个口，安上个塞子。突然间你就有一个比任何塑料桶都漂亮而且价格相当低廉的雨桶。

补充一下，有意思的是，两个发生在我们公司的里程碑事件都始于轻度的酒精饮料。

我们必须做的就是搞清楚如何制造堆肥机和雨桶。起码这次我们知道了桶的来源，但我们在特伦顿没有做木匠活的人。我们不想投入很多钱来建工厂，因为堆肥机在试销时往往表现不会太好，换句话说，这是TerraCycle产品开发的一贯轨迹。

我们到处找木匠，这类人好像在特伦顿并不多。在找寻的过程中，我需要为HP电脑的事情去趟纽约。他们正在制作一则关于我们的广告——把TerraCycle介绍为使用HP电脑来经营公司业务的小企业。他们派了一辆大轿车来特伦顿接我去纽约，在整个车程中，我一直在和罗宾打电话，聊有关好木匠如何难找的话题。要到目的地了，司机转过头，用浓重的西班牙口音对我说：“对不起，先生，我知道我不应该听你们的谈话……”我说：“没关系，不要紧。”“先生，我想做你们的木匠。”

我不敢相信。他说他是哥斯达黎加人，在国内时当木匠，后来决定带家人来美国，但找不到工作，只好开大轿车。我让他去我的办公室谈谈。

第二天，司机罗恩（Ron）来了，他得到了这份工作。

与此同时，罗宾一直和拥有葡萄园的投资者谈。结果发现，他每年周转的酒桶不够供给我们。具有讽刺意味的是，我们找到了木匠，酒桶却没了。于是，罗宾开始联系所有大型葡萄酒园，那里的酒桶周转量比较高。要想弄到酒桶，要看酒园什么时候开始酿酒，所以我们找到的供货源不稳定，缺乏连续性。尽管酒桶很便宜，酒园用 1 000 美元购得的酒桶在使用过一次之后以 15 美元的价格卖给我们，并且还包括运费。

我们把第一批为数不多的酒桶运回特伦顿，正好足够家得宝试销的订货量，罗恩开始投入工作。一切进展顺利，罗恩干得很好，我们按时完成了订单。产品被销售一空，当然这意味着我们需要再次做同样的事情，但数量要大多了。要改造的酒桶数量很多，特伦顿工厂没有足够的地方，此外我们确实也不想把酒桶从加州运来，然后再运回给那里的客户。很明显，改造酒桶的工作应该在加州进行，这就要求我们必须去那里，找个地方改造酒桶。然而时间已经不多了，不久之后，我们将不得不把大批量的货（两千多桶）运到家得宝。

我飞到加州去寻找加工地点。酒桶的特点是体积很大，大约五英尺高，直径最宽的达四英尺，所以需要大量的空间来储存。问题就是，把这些桶放到哪里。我在与一个从他那里收购酒桶的葡萄种植户聊天时，他问我，要把这些酒桶运到哪儿去。

“我要把这个问题抛给你。”我说，“我确实想在这儿找个地方改造酒桶。”他们问我需要什么样的地方，我说，不用太讲究，我们只需要一个比较大的开放空间，罗恩可以做必要的简单的木匠活就行。

“我们在葡萄园后面有一个很大的不用的旧粮仓，”他们说，“不知道是不是你需要的那种?”好运突然再次降临。粮仓是现成的，他们愿意按月租给我们，在堆肥机或者雨桶有稳定的销量之前，我们都需要这个地方。我松了一口气，看了一眼粮仓便告诉他，我们要了。大问题解决了。

不过现在我得告诉罗恩，工作的地点要往西移 2 500 英里。我飞回特伦顿，心里核计着如何对罗恩说。我心情确实不好，因为我们基本上给他提供了工作，可现在我们要把工作从他手里拿走。我上班后，把罗恩叫到办公室，对他说："我们对你的工作非常满意，但我们意识到在特伦顿不能制造堆肥机和雨桶。这里没有地方。"

他眼睛眨都没眨一下。"好，你让我去哪儿?"

我没料到会是这样。"我们在加州有一个地方。"

"好，"他说，"你想让我什么时候出发?"

第二天，他载着家人和物品去了加州。

和往常一样，我们必须在限定的时间里备齐货物。有多批数量不同的货物发往不同的地方，而大型零售商要求的形状构造往往很复杂，所以罗宾在备好货的前一周飞到加州去排查问题。他到那儿没多久便打来电话。

"汤姆，租之前你看没看过粮仓?"

麻烦来了，我想。"当然看了，但看得不是特别仔细。那就是我们需要的地方，也是我们需要的地点，还是现成的。有什么问题吗?"

"里面没有电，罗恩切割酒桶需要用电。"

"可以租一个发动机，对吧?"

"也没有洗手间。"

"你们在农场上，周围没人。我肯定，作为男人，你可以临时解决这个问题。"

"没有地板。是泥地。"

"是这样啊，不过你也不必给酒桶铺水泥地板呀。"

"汤姆，屋顶漏雨。已经下三天雨了。"

罗恩几乎在没膝的烂泥里完成了订单。为此我确实十分感激他。他按时交的货，在家得宝卖得特别火，尤其是雨桶，马上销售一空。我们又一次用垃圾满足了需求。

我正好想在这里澄清一个错误观点，这是对我们的产品很容易形成的一个看法。我们是用他人的垃圾来制造产品，但这并不意味着我们不在乎产品的质量。我们仍然要求产品必须出类拔萃，不仅性能优良、外观漂亮，而且耐用。我们在履行第一批堆肥机和雨桶的订单之后便注意到，从葡萄园搞到的酒桶总是不够用，起码按照我们的标准不够用。罗宾开始在那帕所有的葡萄园进行彻底的搜寻，希望找到一个能给我们提供稳定优质酒桶的地方，他为此累坏了。后来他和加州最大的酒园之一，同时也是最具环保意识的企业之一肯德尔-杰克逊酒园（Kendall - Jackson）达成了合作。垃圾不是生来就是有同等命运的。

关于垃圾，有很多方法对其进行分类，也有两种具有代表性的观点，那就是前消费（也叫后工业）和后消费。前消费垃圾是指在我们看到所消费的产品之前已经产生的垃圾。这类垃圾几乎是纯洁流，不混杂其他任何东西，是生产那些在商店里销售的商品时所产生的副产品。比如说，在做你现在所穿的衣服时，会裁剪下一些布，这些布就是前消费垃圾。再比如说，装订这本书时裁切下的纸边也属于这类垃圾。迄今为止，前消费垃圾是世界上最大的垃圾来源，也是最容易升级回收的垃圾，因为它的量大且稳定，供应可靠，不用离析不需要的东西。

后消费垃圾是指你我在日常生活中产生的垃圾，是我们扔掉的星巴克咖啡纸杯，是我们刚刚吃过的牛奶巧克力的包装纸，是飞机上装三明治的塑料盒，或者就是三明治的包装纸。想一下你每天接触的产品，你就会明白垃圾问题是多么普遍。你早上起床后去洗手间，产生了自己特有的垃圾。牙膏管、护唇膏管、防臭剂盒等等在空了之后都是垃圾。接着说说早餐，麦片袋、装咖啡豆的咖啡包装、能量棒包装都是垃圾。你根本用不上它们，只能扔到垃圾桶里。这种情况一直持续到你上床睡觉为止。

尽管后消费垃圾比前消费垃圾少，但这类垃圾更难处理。主要原因是，这类垃圾是由很多不同物质构成的，实际上是由不同种类的物质构成的。如果你想用后消费垃圾制造某种东西，比如说，用旧剃须刀片，你必须要搜寻无数吨垃圾才能收集几百磅刀片去制造你所需要的东西。而且对任何头脑健全的商人来说，这显然不是有利可图的做法。

目前，多数前消费垃圾都进了填埋场、焚化炉或者按照构成材料的商品价值被再次出售。一般情况下，后一种做法是指垃圾被卖给回收企业，回收企业把它分解成原始形态，然后在商品市场上进行销售。30%的塑料、纸张、铝和玻璃废物都是这样处理的。回收要好于填埋或者焚烧，但它不一定总是处理垃圾的最节约能源的方法。无论你怎么看它，分解材料都需要能源。在多数情况下，用回收材料制造产品和用新材料制造产品相比，前者消耗的能源要少。举个例子说明，用回收的铝片制成的铝罐要比用铝矿石（制铝的原材料）制成的铝罐节约95%的能源。不过，回收节约能源的规则也有很多例外，主要是指塑料。回收范式主要看物品的制作材料，把葡萄酒桶看成木材和铁的综合体，需要分离、分解，然后重塑外型。这种回收的方式就相当于把雨桶变成铁矿石和堆肥（把木头削成碎片，制成堆肥），这会消耗很多能源。

就在我们刚刚登陆沃尔玛的时候，把酒桶升级改造成堆肥机和雨桶也很成功。现在我们不仅是知名的有机植物肥料企业，同时生产的产品种类也越来越丰富。我们用垃圾制造出特色产品，其他企业开始接触我们，让我们给它们制作产品。塔吉特让我们用垃圾制造时钟。我们开始看聚氯乙烯唱片，意识到如果把它稍微加热，就可以把它打造成所需要的各种形状。

在你找到新废物源时，第一步，要看你通过各种方式（切割、溶解、加热和熔化）能把它变成什么样子。一旦你开发出某种处理方式，一个全新的世界就呈现在你面前。这是我们今天所做的。结果，我们制造出几百种独特的升级回收产品，种类繁多，从风筝到劈柴。

我们在生产中使用葡萄酒桶一年后，决定利用葡萄酒的其他废物源部分：在给麦克斯办公用品公司制作软木板时，我们首次用旧软木塞造出了批量生产的软木板。

这种理念从另一方面也产生了效果，即人们开始带着想法来找我们。在距离不列颠哥伦比亚大陆不远的海上有一座美丽的海岛，叫维多利亚，岛上有一个人，他的祖父一直自己制作一种驱鹿剂，卖给当地人。驱鹿剂的成分在房屋周围基本上都能找到，或许需要再跑一趟五金商店。主要成分是陈鸡蛋。当他从驱鹿剂生意隐退之后，就把生意传给了孙子，他的孙子最后找到了我们。

住在东北部的每个人一听到“驱鹿剂”立刻就来了精神头。鹿是那些居民们面临的最大的有害动物。为了检测一下驱鹿剂，我们必须去比尔·吉勒姆家。那个晚上，比尔有意让十几头鹿在后院吃蔬菜。驱鹿剂的效果非常好，我们把它装进升级回收的瓶子里。就这样，我们有了一个绝佳的新产品。

我对垃圾的看法彻底改变了。每当我四处转悠的时候，都把一般人当作垃圾的东西看作是商品，并努力分析这个物体具有哪些有价值的特点能够用来生产产品。第一步，除了它是原材料，需要识别这个物体还有哪些有价值的地方。接下来，思考一下目前的哪些产品适合这些特点。利用这种方法，垃圾的想法就消失了，留给你的是一些具有独特特征的现成商品，而现在通行的处理方法是不当的。

随着时间的推移，我开始发现垃圾的另一个要素，即能够产生另一种给垃圾分类的方法，而这与人们关注正在产生的垃圾的程度有关。比如说办公垃圾，因为每个企业都生产这种形式的垃圾，它们对垃圾的拥有感或者责任感相对较小。再就是具体行业产生的垃圾，如包装电子器件的塑料泡沫包装。只有当这个行业的所有人开始关注的时候，大家才能予以关注。还有那些巧克力棒包装纸、塑料盒和咖啡杯，它们都有一个非常独特的特点，即上面都印有公司的品牌标识。如石原农场酸奶，就美国目前的回收基础设施而言，制成酸奶盒的那种塑料是无法回收的。人们喝完酸奶后就把盒扔了。在酸奶盒被扔掉之前，它充当了石原农场的广告。如果酸奶盒作为垃圾被踩碎在人行道上，它就会充当负面广告，毁掉了品牌后面所投入的数百万美元的营销费用。和很多企业一样，石原农场会花钱避免做负面广告。

我把这个废物源称作“品牌垃圾”。企业关注这类垃圾的程度远远高于其他任何形式的垃圾，因为上面有它们的名称。品牌垃圾，不管是前消费垃圾还是后消费垃圾，都是非常独特的废物源，具有深刻内涵。当我接到朋友塞思·戈德曼（Seth Goldman）——诚实茶（Honest Tea）首席执行官的电话时，这些内涵得到了全部体现。

第十章

品牌垃圾与特许垃圾

我与塞思·戈德曼第一次相遇在《Inc.》杂志举办的激励企业家精神的论坛上，不过当时我们没有谈论有关果汁袋的问题。直到后来我参加一次有机产品的会议时才与他讨论了这方面的话题。（我被定期邀请参加有关绿色企业的会议，那次会议只是其中的一次。）塞思和我的做法一样，想告诉大家，企业家可以承担环保责任。他是制茶的。他购买了我们的一台堆肥机作为太太的生日礼物（是她自己要的）。

他于 1998 年向市场投放了诚实茶，最初他是在厨房里制茶的，现在诚实茶成为美国自然产品行业中销量最好的瓶装茶。顺便提一下，诚实茶的名字源自他的合伙人巴里·奈尔伯夫（Barry Nalebuff）。当时巴里刚从印度回来，他是为研究一个案例到那里考察茶业去了。巴里了解到，美国茶业公司买来泡制和瓶装的茶叶大部分都是将质量比较好的茶叶分离出去后剩下来的低质茶叶。巴里想到了一个名字，来描述用真正茶叶制成的瓶装茶——诚实茶。塞思同意了，他认为这个名字十分适合一个纯自然的品牌，正如他们的网站所说的那样，这个品牌“努力和客户、供货商以及环境建立起健康诚实的关系”。五周后，他把自己制的一些茶饮料拿到全食超市，得到了15 000瓶的订单。当时他还没有工厂，情况听起来和我很相似。

在那次有机产品会议上，塞思提出了一个他遇到的问题。他用了几个月的时间准备向市场投放“诚实孩子”（Honest Kids）。这是为孩子们开发的果汁饮料系列产品，如同成人饮料一样，这些产品所含的糖分和人工合成成分很少，是为孩子们设计的纯有机果汁饮料。然而，市场上成人饮料都是装在可回收的玻璃瓶和塑料瓶里，而在儿童市场上，果汁袋是唯一的竞争途径。果汁袋到处都是，单就美国而言，每年生产的果汁袋就有45亿个。

遗憾的是，所有果汁袋都进了填埋场。果汁袋把塑料和铝熔合成单一材料。人们没有认识到的是，多数弹性塑料都是不可回收的，弹性塑料和金属混合在一起危害是非常大的。果汁袋的好处是比较轻，比其他任何容器使用的材料都少，因此给我们这个世界增加的废物比较少。于是，塞思坚持使用这种形式的容器，但他要求生产商用可回收的塑料PET来生产果汁袋。就在我在会上看见他之前，他被告知，“诚实孩子”果汁袋要用PET制造，但底部除外，用铝和塑料来做。

这就是塞思提出的问题。如果果汁袋里存有一点儿铝，那么果汁袋就不能被循环再利用。他的果汁袋就成了威廉·麦克多诺（William McDonough）和迈克尔·布朗嘉特（Michael Braungart）在他们的著作《从摇篮到摇篮》（*Cradle to Cradle*）中所说的“可怕的杂种”。这两位作者指出，我们把循环再利用的难度增加了，因为我们的做法是把各种材料混合在一起。而实际上，单个材料也许能够自然降解或者循环再利用，但倘若混在一起，它们就既不能自然降解，也不能回收。铝本身非常容易被循环再利用，一些塑料（具体地说，塞思的果汁袋所用的塑料）也可以回收，但如果把两种物质放在一起，除了把它们扔到填埋场，什么也做不了。所以他问我，我们能否找到一个办法，改变旧的果汁袋被扔进填埋场的命运。在通过电话和塞思探讨这个问题的过程中，我意识到，第一次有人让我们解决特定品牌垃圾的问题。让塞思感到忧虑的是，“诚实孩子”的果汁袋最后都会成为垃圾——破损而肮脏的垃圾。特定品牌垃圾对一个企业来说非常重要，因为垃圾上都印有它的标识。塞思不想看到“诚实孩子”的果汁袋躺在人行道上或者垃圾堆里。变成垃圾是对品牌声誉的玷污，而品牌声誉可是企业花了数百万美元甚至数亿美元建立起来的。可口可乐花几十亿美元，确保它的瓶子在货架上看起来漂亮，拿在手里感觉舒服，因此让瓶子最后躺在人行道上可不是美好的结局。因为塞思在诚实茶上没有投入那么多，他特别想把所有产品与对地球负责的态度联系起来，他为此付出了很多努力。如果“诚实孩子”的果汁袋成了垃圾，甚至成了填埋场的一部分，该品牌的形象就会大打折扣。

换句话说，像塞思公司这样的企业需要投资来解决品牌垃圾问题。

当然，诚实茶的瓶子最后也可能成为垃圾，但塞思是一个很务实的人。消费者购买产品后的行为不能让他来负责。他给产品提供了循环再利用的可能性，这就足够了。有这种可能性是很重要的。如果包装是可回收的，回收与否的责任在消费者，不在生产者，因为生产者已经给了消费者选择的机会。然而，对于不可回收的垃圾，它们的唯一选择就是进填埋场，这个错误显然在生产者身上，因为它选择了不可回收的包装。

这个挑战是所有不可回收垃圾制造者都要面临的，坦率地讲，大多数品牌垃圾都是不可回收的。从星巴克咖啡纸杯到莎莉（Sara Lee）塑料面包袋，再到装冷冻蔬菜、冰激淋和酸奶的蜡化纸盒或者弹性塑料。事实上，能够回收的（也就是能够转化成有用的成分，然后被重新制作成新的、有用的东西）基本上只有硬塑料瓶、纸张和铝罐。

在我和塞思探讨这个问题之后不久，我接到了石原农场酸奶公司首席执行官加里·赫什伯格的电话：让我给他的酸奶杯找出路。和塞思一样，加里一直在努力为酸奶找到最环保的包装。他说："在我们创立石原的时候，问题就是：有没有可能创造一种商业模式，能够解决问题，而不是制造问题。我发现不破坏环境的做法要比破坏环境的做法更赚钱。"于是在1994年，加里决定放弃使用高密度聚乙烯（HDPE）制成的酸奶杯，转而使用聚丙烯（5号塑料，几乎不能循环再利用）制成的酸奶杯。尽管HDPE比较容易循环再利用，但酸奶杯使用的这类HDPE多数回收企业都拒绝接受。因为5号杯比HDPE杯轻20%，加里认为，使用5号杯可以少产生垃圾。

上述说法理解起来有点困难，所以我尽量解释得更清楚一些。多数人也许是从单个事物的角度来看循环再利用的，也就是，回收一个16盎司的玻璃瓶好于扔掉一个16盎司的不可回收塑料瓶。但当我们在其他情况下看待垃圾的时候，并非总是大小的问题。回收和填埋场的人们往往从纯粹的重量角度来思考垃圾。（把物体转化为零部件的力学和经济学解释了这个原因。）看有多少物体被真正回收，一个粗略的"经验法则"是：30%的人打算回收玻璃瓶。所以，每10个16盎司的玻璃瓶中，大约有7个最后进了填埋场——大约相当于28盎司的价值，只有12盎司被回收。所以说，如果你能把瓶子的重量减少一半，使之不可回收，那么只有20盎司的垃圾最后进了填埋场，这是一个比较环保的办法。

自然，我很乐意为塞思和加里找到升级回收的解决办法。从饮料袋着手，我首先要弄明白如何处理饮料袋，让它有新用途。能让它有用的特点是什么呢？它特别结实，大约有英寸3英寸×5英寸大。唯一的困难就是如何用简单的方法把它们粘到一起，形成一种织物。这让我想起了我在一个关于菲律宾女性团体的会议上听到的一件事情。我从网上找到了她们。

“PREDA”是“人民康复、增强信心发展援助基金会”(People's Recovery, Empowerment Development Assistance Foundation)的简称，1974年创立于菲律宾，创始人为爱尔兰科隆邦（Columban）的传教士弗兰克·莎·库伦（Fr. Shay Cullen）和致力于帮助菲律宾青少年的默尔（Merle）和亚历克斯·何莫沙（Alex Hermoso）夫妇。基金会的最初目的是帮助那些来自破碎家庭的试图通过滥用药物来逃避问题的青少年。成立PREDA基金会，去帮助青少年“处理家庭问题，修复父母的关系，恢复家庭团结、尊重和爱”。为了实现这个目标，PREDA努力为人们寻找谋生的出路。

2004年年初，PREDA开始生产、销售和运输用果汁袋制作的商品，如同在美国一样，这个做法在菲律宾很普遍。她们对那些收集旧果汁袋的人们（包括很多在校学生，他们通过收集校园里的果汁袋来给学校打工）进行培训，为他们的劳动支付酬劳，教授他们有关环保的知识。收集来的果汁袋在经过清洗和消毒后，PREDA把它们提供给制作手工制品的工人。2006年4月，PREDA在全球范围内销售了4.65万个果汁袋。果汁袋可以被转化为一种物质，也许不是你所说的织物，但这种东西可以被缝制成床单，多长都可以，能裁剪、折叠或者缝制成你想要的任何形状。

对TerraCycle来说，这似乎是解决塞思问题的最佳模式。和往常一样，我一直想不出什么办法，直到我要去塞思位于马里兰州的贝塞斯达办公室的前几天，我才想到这个主意。我联系上了PREDA，看看他们想不想加入我们。但他们只着力帮助个体的菲律宾人，没有能力做大，不过他们愿意让我掌握这种做法，用它去运作企业。于是，我去塔吉特百货公司买来200袋“诚实孩子”牌果汁，带到办公室。大家喝了两天果汁，才有足够的果汁袋用来清洗和做实验。

那时离我和塞思见面还有一天时间，也就是2007年6月27日。我从沃尔玛买了一台缝纫机，花了整个晚上，先学会如何缝制——最大的问题就是把线穿到缝纫机上并且不断针。掌握了之后，我还得弄明白如何把果汁袋放在一起。如果你看过“诚实孩子”果汁袋，你会发现果汁袋的中间有个凹位，人们可以拿那儿。所以我必须先搞清楚如何把果汁袋的弯曲部分缝在一起，才能着手设计制成品的外观。不过我没有松懈，第二天凌晨，我做成了第一只用“诚实孩子”饮料袋做的手提包。

几个小时后，我起床驱车前往马里兰州与塞思会面。TerraCycle的另外两位员工皮埃尔·王（Pierre Wang）和爱尔沙·威尔士-切斯特（Alysia Welch-Chester）另行开车前往，但他们却遇到了交通阻塞，晚了一个小时才到。当时，塞思正在搬办公室，所以能够开会的唯一空间就是存货间。这不是问题。塞思很喜欢这个想法，立刻买进了整个受到赞助的垃圾计划。由于饮料瓶收集活动仍然以飞快的速度发展，我们无法利用原来的队伍开展收集果汁袋活动。我们需要雇新人来负责这个队伍以及饮料袋收集来之后的管理工作，塞思提供支持。有了他的投资，我们可以开辟600个场地来收集果汁袋。这是历史上第一次品牌付钱来解决他们不可回收的品牌垃圾问题。

那一刻对我来说具有某种奇迹般的意味。一次简单的握手，“诚实孩子”饮料袋不再只有变成垃圾的命运。现在它们有两个可能的结果：被扔掉或者被升级回收——由TerraCycle回收。突然间，那些饮料袋不再是垃圾，而具有了自己的价值（每个0.02美元）。塞思的投资原本是防止他的饮料袋变成垃圾，现在却让它们拥有了价值——对我、对收集饮料袋的学校和其他组织来说拥有了价值。

当然我们不可能一开始就让600个场地一起行动起来，我们准备先在全美国设立100个场地来试运行。我们在网站上公布了这个方案，24小时之内，名单就满了。我们不得不暂时停止征求场地活动，把其他报名场地放进了备选名单里。这个情况表明，这类活动确实有市场。

在酸奶杯上发生的事情与上面差不多。当你看废物源的时候，你想用它是因为它已经具有的价值。升级回收的关键是尽可能少地消耗能源，把塑料打造成酸奶杯的形状消耗了大量能源，所以最好的结果就是尽可能少地改变原状。我们突然有了一个绝佳的想法，花盆也非常适合进入我们卖给家得宝以及其他家居装饰商店和商场的系列产品之列。园艺师每年扔掉3.2亿磅塑料，而其中花盆占了很大的比重。我们把这个想法告诉了加里，他非常喜欢。在我们的会议上，加里举着一个酸奶花盆，说："我们要让你们名声大噪。这是一个绝妙的展示方法，告诉人们，这些花盆还有很长的路要走。"在塞思赞助饮料袋收集活动的两周后，加里赞助了一个收集酸奶杯的队伍。和收集饮料袋一样，收集酸奶杯活动也大获成功。这让人认识到，对升级回收产品的需求是巨大的，而且超出了我的想象。

收集饮料袋活动最酷的一件事，是素妍提议的结果。我们到纽约去听"戈尔拯救地球"音乐会，他们用音乐告诉人们保护环境的做法给我们留下了深刻印象。为什么不把这个运用到古典音乐中呢？第二年2月，素妍要在卡内基大厅举行一场音乐会，她建议我们用"诚实孩子"饮料袋给她做一件演出服。

我觉得这个想法太棒了，于是我们找到一位具有环保意识的服装设计师尼娜·瓦伦蒂（Nina Valenti），在接下来的几个月里与她合作。素妍对演出服有几个要求：没有袖子，吊带挂在肩上。最大的问题是，如何优雅地坐下来。演出服有很多不同的部分，所以她必须能够把它们聚拢在一起，不用提起就能坐在钢琴前。她私下也在演练。没开玩笑，她把这个当作一件很严肃的事情。

音乐会大获成功，报道铺天盖地。达里尔·汉娜（Darryl

Hannah）很久以来一直是 TerraCycle 的支持者，这次她专程飞到纽约，介绍素妍及其演出服蕴涵的理念。素妍选的曲目是古典音乐版的循环再利用和再创造，曲作者以全新的方式运用了其他音乐的主题和乐旨。《纽约时报》用半个版面对这次音乐会进行了报道，题目是“环保钢琴家用无袖服装穿出她的心声”。

正当收集果汁袋的活动迅猛发展时，我开始向零售商推销这种新材料概念，反响之热烈超出了我的预期。沃尔格林、塔吉特、索勃克、沃尔玛、麦克斯办公用品公司、美杰（Meijer）以及其他几家零售商全都同意经销果汁袋产品。我们准备提供的产品有铅笔盒、手提包、背包、家庭作业夹、午餐盒以及其他产品。零售商都很喜欢。这些都是伟大独特的产品，具有类似安迪·沃霍尔的外观。对那些零售商来说，产品的故事也同样重要。我们提供的产品比目前市场上的任何产品都环保，而原材料（果汁袋）大多是由学生、教徒或者美国的慈善组织收集来的。那些组织每袋可获得两美分的捐款。可以想象，人们收集果汁袋的热情很高。那年春天，收集饮料瓶活动开展得更是如火如荼。2007 年 4 月，《今日全美教育协会》（*NEA Today*）和《路标杂志》（*Guideposts*）刊登了有关我们的文章，之后收集饮料瓶的场地在几个月之内从 1 500 个猛增到 4 000 个。“诚实孩子”果汁袋收集活动和石原农场酸奶杯收集活动也受到了媒体的广泛关注。

在参加美国一个最大零售商举行的销售会之后，我打电话给罗宾，说：“好消息是沃尔格林给了我们一个巨大的订购果汁袋铅笔盒的新订单。”

“太令人高兴了。那么坏消息呢?”

“嗯。我大致计算了完成订单所需的果汁袋数量。”

“是吗，那……?”

“我估计大约需要 1 000 万个果汁袋。我们要在两周内开始生产。”

收集队伍提供的果汁袋不够，这是大问题。这并不令人感到意外，我们知道收集队伍是慢慢壮大起来的，因为这是一直以来的经验。与此同时，我们也没料到零售商的订单如此之大。于是罗宾开始上网搜索。搜了整个晚上之后，罗宾找到了一个名为 Encorp 的温哥华公司。它实际上是附属于不列颠哥伦比亚政府，它要求学校交果汁袋的押金，这意味着很多人在不列颠哥伦比亚收集果汁袋，以便取回押金（小小的经济刺激就可以做到）。他们在加拿大掀起了类似于我们的果汁袋收集活动，不过他们遇到的困难是，没有重新利用果汁袋的好办法。果汁袋不能倒入填埋场，所以在找到解决办法之前只能库存起来。

其实“库存”这个词用得并不准确，因为他们只是把果汁袋用打包机压扁，形成一个经过高度压缩的立方体，他们共有几百个 3 英尺×3 英尺×3 英尺的果汁袋垛，每垛重达半吨左右。他们没把果汁袋进行清洗，没取出吸管，甚至没把果汁袋从收集来的塑料袋里取出来。因为没人能把这些果汁袋进行循环再利用，所以一垛垛的果汁袋被装在拖车上，停放在不列颠哥伦比亚的一块田地里。这种情况已经有几年了。

于是，罗宾去见 Encorp 公司的人，他问：“你们有果汁袋吗？”

对方笑了一下说：“有。”

“那好，你知道有多少吗？”

“噢，我猜大约有 2 000 万个。”

这正是我们所需要的数量。罗宾开始兴奋起来。“如果你不介意的话，我能不能问一下，你们用它们做什么？”

“我们储存起来。”

接着，罗宾问到钱的问题：“我能不能把它们买下来？”

“我不知道能否卖给你。”是啊，这里是政府，罗宾想。然后他说：“我需要和这里的人谈谈。你为什么不把贵公司的信息发送给我们？这样我们可以好好谈谈。”

罗宾迅速写了一封信，介绍了有关 TerraCycle 的情况和我们升级回收垃圾的独特方法，以及我们如何要把果汁袋制作成铅笔盒、背包和很多其他儿童用品。没有回应。罗宾等了一天，再次去拜访。管事的人不在，去度假了，要三周后才能回来。罗宾找到另外的人，强调说，我们确实需要那些果汁袋，如果我们不能很快买过来，我们就不得不到别的地方去买了。

终于，有个人说："我们考虑考虑。"

这对罗宾来说已经够了。他买了一张飞往温哥华的机票去见Encorp官员。我们需要亲眼看看果汁袋，亲眼看看那些果汁袋可不可用。罗宾首先要做的就是要求去看果汁袋。在倾盆大雨（典型的不列颠哥伦比亚天气）之中，有人把叉车开到一辆拖车前，拖下来一大捆已经湿透了的果汁袋。果汁袋滴着雨水，散发着臭味，因为果汁已经在里面发酵数月甚至数年了。Encorp公司的人看着罗宾，仿佛在说："这些东西根本没法用，是不是？"他弯下腰去看罗宾面前的那捆呈正方体、正滴着雨水的果汁袋，用力拉了一个塑料袋的提手，大约有二三十个果汁袋飞了出来。罗宾仔细看了看果汁袋，意识到没有别的选择，于是他问能不能全都买下。

一切都落到了实处，这时Encorp提出了最后一个，也是最大的问题。几乎所有饮料袋——不管是捡袋队伍收集来的，还是Encorp自己收集来的——都是可沛利和酷爱两个品牌。这两个品牌都是卡夫食品集团——美国最大食品企业旗下的。Encorp不能把果汁袋卖给我们，除非他确信卡夫同意TerraCycle重新使用他们的果汁袋。因为我们刚刚解决与史高斯·奇迹集团的法律纠纷，向强手卡夫食品集团挑战太可怕了。

此时，我接到了所有与我们有业务往来的店铺的订货单，已经没有退路了。

我给卡夫打了电话。

第十一章
特许垃圾腾飞

塞思和加里既关心升级回收的商业效益，也同样关心它的教育意义。他们不想让自己的品牌受到损害，与此同时，他们也极其关注环境，希望成为对环境负责的商人。二人都谈到了TerraCycle回收所提供的教育机会。然而，卡夫食品集团怎么办？像卡夫这样的巨人企业能否愿意让自己的标识出现在TerraCycle铅笔盒上？我不知道。

但我知道，如果他们反对这个计划，我就有大麻烦了。如果他们拒绝加入，Encorp就不会允许我们运走他们一直存储的果汁袋。

关于垃圾的知识产权问题很棘手。显然，所有这些品牌都受到不同程度的知识产权保护。比如说，不能随便使用某个品牌已经形成的号召力、标识或者外观（也就是它的商业外观）去销售自己的产品。以可乐饮料瓶为例，人们禁止使用类似可乐饮料瓶的瓶子去销售自己的饮料，因为消费者可能搞不清楚谁是这些产品的生产商，是可口可乐公司还是其他人。不过，如果你用这样的瓶子去装其他东西，如蚯蚓堆肥，那么瓶子的形状就不受保护。只有当你是为了某种目的特意使用类似可乐饮料瓶形状的瓶子时，可口可乐公司才能起诉你。比方说，我们说“购买用可口可乐瓶子装的蚯蚓堆肥”，而不使用其他任何品牌的瓶子，这时对方就可以起诉我们。如果我们用的是各种各样的瓶子，把液态蚯蚓堆肥装到里面，显然我们不是用瓶子形状本身来销售堆肥的，他们要想起诉，也不会成功。但谈到垃圾时，法律以及对法律的解释是很模糊的。如果把可沛利果汁袋与其他品牌的果汁袋缝到一起，做成手提包，可沛利很可能不具有果汁袋形状和设计的所有权。

不管怎么说，我没有别的选择。收集队伍和 Encorp 提供的都是数量极大的可沛利和酷爱果汁袋，这意味着我在独家使用这两个品牌。我感到品牌垃圾是 TerraCycle 武器库里新的强大武器，与此同时，品牌垃圾也成了重要的环境隐患。

我决定去卡夫集团。一方面，起码能够得到他们确切的答复，另一方面，看看我们能否使用可沛利和酷爱果汁袋。有了他们的答复，我就知道下一步该怎么做了。

可是，我应该与谁谈呢？直接写信给 CEO，感觉不妥，而我也不愿意打电话给他们的法律部门。

第一个让我感到惊讶的是，卡夫有一位负责“可持续发展”的副总裁。我看了他们网上可持续发展报告，找到了他的名字，让他给我联系他们部门负责此事的人，谈谈可沛利和酷爱的事情。他向我引见了温内·沙玛（Vinay Sharma），可沛利的品牌经理。我给他发去了一封电子邮件，解释说 TerraCycle 用垃圾制造和包装环保、价低的产品。我给他举了几个例子，描述了收集活动和孩子们（所有年龄段）如何参与收集活动，以及活动如何对他们有教育意义等。

有关果汁袋的情况，我告诉他，我们正向市场投放铅笔盒、手提包等系列产品，这些产品都是用各种果汁袋缝制而成的。

2008年春天，主要的零售商都在销售我们的产品，几家大型杂志已经对这种做法进行了报道。我说，我希望和他会面，以便更加详细地介绍这个计划。幸运的是，那个周五“20/20”即将播出关于TerraCycle的专题节目。

大约一天之后，他回信了：

> 感谢你联系到我。想见面谈谈。我读了有关TerraCycle的报道，对你们所做的事情很感兴趣。除了背包和铅笔盒等新产品，我还想和你谈谈有关收集果汁袋活动以及我们如何（或者能否）参与等事宜。环保已经成为当今社会年轻消费者考虑的头等大事，可沛利和酷爱需要融入这个潮流。

这听起来让人充满了希望，不过来得太突然，我们根本来不及庆祝。2007年11月初，我和阿尔伯前往纽约州的塔里敦温内的办公室与他进行第一次会面。我相当紧张，因为他们有能力枪毙这个计划。

卡夫集团的办公大楼与TerraCycle的特伦顿工厂差别太大了。“有一天，TerraCycle也会有一个像这样的场地。”我对阿尔伯说。大门有门卫把守，我们进去之后迷失了方向，找不到温内的办公室。于是我们只好向第二个保安核实，他不得不向里面通报。和我们的特伦顿工厂不同，你想象不出，那些办公室遭遇过什么样的流弹袭击。

毫无疑问，我们非常拘谨，以至于接待员递给我们来访者通行证的时候，看我们的眼神都挺滑稽。我们穿着非常随便，牛仔裤和T恤衫，拎着用可沛利果汁袋做的手提包、背包和铅笔盒（也许是背包吸引了她的眼球）。

当我们到达温内的办公室时，他非常热情地接待了我们。他说的第一句话便是：“好，我们加入。我们该如何让计划运行起来？”他得到了真正的启示，他把我们提供的东西当作提高品牌声誉的一种方法，他不介意可沛利成为第一个被 TerraCycle 回收的大品牌。我很快意识到，不仅我们能和他们达成许可协议，允许 TerraCycle 使用可沛利和酷爱果汁袋，而且他期待探讨有关成为赞助商的话题。

短暂的谈话让我们向前迈出了一大步。我们走出会议室的时候，拿到了许可协议，一次握手成就了我们在赞助协议下进行的合作。2008 年 2 月 6 日，我们签订了合同，把当时进行收集果汁袋活动的 600 个场地增至 5 000 个。

这是一个壮丽的时刻，是升级回收的分水岭。“诚实孩子”代表了也许 0.1%的果汁袋市场，而可沛利和酷爱则代表了 90%以上的市场。80%的果汁都是在学校里被消费的，所以收集果汁袋不仅对学校募集资金是个理想的方式，而且与把果汁袋扔进垃圾箱相比，对果汁袋进行升级回收具有非凡的教育意义。通过与可沛利达成协议，我们能够创立锁定整个饮料袋市场的项目，创建一个全国性的可升级的回收基础设施，所有这些都将带来真正巨大的变化。每年产生的 45 亿个果汁袋再也不需要扔进填埋场了。2008 年 2 月，这样的机会来了，每一个美国人都可以参与其中。

所有这些都是像卡夫食品集团这样的大企业希望看到的。《难以忽视的真相》（*An Inconvenient Truth*）引发了人们对气候变化的关注，而这种关注开始影响所有大企业。卡夫与众不同，它设立了一个可持续发展的部门。这些企业正逐渐发现，具有环保意识能够使它们降低成本，提高利润率。

可沛利的支持只是冰山一角。因为我们与他们有了合作计划，卡夫的其他品牌也开始表现出兴趣。我们开始接到奥利奥、趣多多（Chips Ahoy!）、平衡棒（Balance Bar）的电话，想知道我们能否帮他们解决问题。

正当我们实施与卡夫的合作计划时，克里夫能量棒公司也与我们进行了接触。这家公司的创始人加里 · 埃里克森（Gary

Erickson）与塞思有很多相似的经历。加里酷爱骑脚踏车，在加州的伯克利拥有一个面包房。他不喜欢市场上的能量棒，于是他在 1992 年开始制造自己的能量棒——克里夫能量棒，用他祖父的名字命名。公司很快成为美国发展最快的公司之一。2000 年，加里拒绝了 1.2 亿美元的出价条件。和诚实茶的生产者塞思一样，环保意识是他经营的主要原则。克里夫能量棒公司与我们接触的目的是想看看我们能否升级回收他们的包装纸。因为那些包装纸含有铝，如同果汁袋一样，不能回收，不过是升级回收的绝佳候选者。一个月后，克里夫能量棒包装纸收集活动启动。

当我们被引见给卡夫集团的平衡棒、奥利奥、趣多多和迈阿密减肥饼干（South Beach Diet Bar）的时候，我们已经在使用包装纸制造材料。和果汁袋一样，奥利奥和趣多多曲奇饼干的包装纸都是不可回收的，但原因与果汁袋不同。它们由几层超薄的不同类型的塑料构成，无论何时当你打开包装时，每种塑料在保护曲奇饼干避免受潮、避免空气进入、避光保鲜等方面都具有不同的优势，而且也很容易把漂亮的图形印在上面。

不过从环保的角度来说，那些塑料就成了问题。一方面，回收企业往往按吨来收取费用，而要构成一吨，需要很多的曲奇包装纸。但由于这些不同塑料熔化的温度不同，反应的方式也各不相同，因此，要把那些一层层薄薄的塑料进行循环再利用不仅很难，而且费用也很高。它们也是一种合成的物质，不能自然消亡。比较轻的包装纸“有利于环境保护，因为它使用的材料少，每袋包装消耗的能源少。包装一直漂亮华丽，直到它走到生命的尽头”，戴维·康奈尔（David Cornell）说。他是位于华盛顿特区的后消费塑料回收企业协会的技术总监。我们所知道的是，包装的生命尽头仅仅是它作为铅笔袋等类似物品的生命开端。TerraCycle 再次满足了我们一直无法满足的需求。品牌经理们看到我们为他们做到的事情感到非常兴奋，有几位马上开始组织收集活动。两个月内，我们在奥利奥、趣多多、纳贝斯克（Nabisco）

（美国四大曲奇品牌之一）的赞助下，开展了收集曲奇包装纸的活动。平衡棒、迈阿密减肥饼干和克里夫能量棒一道成为能量棒包装纸收集活动的赞助商。

卡夫如此认同并支持我们，是我完全没有想到的，不过这显示了特许垃圾的巨大潜能。卡夫是美国最大的食品企业，每年的销售额超过300亿美元。不同口味的奥利奥和趣多多位居美国销量最大的四大曲奇品牌之列，每年销售的包装达几亿个。我们与卡夫的合作也意味着我们在开创与塞思的公司、石原农场和克里夫能量棒合作的道路之后，扩大了合作的规模。

这里有一个戏剧性的故事。加里·赫什伯格为什么会想到创立石原农场呢？原来他去了一趟佛罗里达的迪斯尼明日世界，参加在那里举办的“食品未来”的展览会，他走进了卡夫赞助的大棚。当时他是一个名为“新魔力协会”（New Alchemy Institute）的非营利性组织的负责人，研究怎样才能不使用矿石燃料生产食品和开发能源。1982年（我出生的那一年），他去看望自己的母亲，她那时是明日世界的老年消费者。他去的时候正好赶上卡夫集团的大棚展示他们未来生产食品的观点，他发现他们的观点令人吃惊：“不过那天更让我吃惊的不是矿石燃料被如此广泛地使用，也不是二氧化碳的排放量如此之大，而是每年来我们协会咨询的2.5万人当中，有很多人每天都来咨询卡夫。”他意识到，如果他想对环境产生真正的影响，他必须要和卡夫一样强大。

在你看任何一种垃圾材料，如奥利奥包装纸时，你需要集中精力研究可以用这种垃圾材料制成什么样的基础材料。比如说，奥利奥包装纸可以被熔化成机纺织物，然后可以用来制成垫布、托盘、台布、包装纸、手提包、环保袋、浴帘、伞、线圈本、铅笔盒、三孔档案夹、邮差包、儿童背包……基本上什么都可以做。而这仅仅是开始。可以预见，在2008年年底之前（曲奇包装纸收集活动开始后差不多一年的时间），所有这些TerraCycle的产品都将在大型卖场销售。

然而，卡夫最大的好处是能把 TerraCycle 的信息带给世界，而 TerraCycle 也能为卡夫创造一个里程碑式的可持续的解决方案。TerraCycle 已经成为卡夫可持续发展计划的重要组成部分，它的众多品牌除了资助收集活动之外，还在更多的方面支持我们。可沛利 2008 年年末在卡通电视网播放了一个 30 秒钟的广告，主题是 TerraCycle 饮料袋收集活动以及 TerraCycle 用饮料袋制成的产品。从全国性期刊的整页广告到网络广告，卡夫集团对这些计划进行了大规模营销宣传。对我来说，最大的胜利就是在 2008 年年末，每一个趣多多和可沛利的包装盒都印上了描述 TerraCycle 计划的文字，超过五亿个包装都醒目地标示了一种升级回收的办法，这与饮料瓶重点强调循环再利用的做法如出一辙。

曲奇包装上的文字是这样的："趣多多正与 TerraCycle 合作收集用过的包装纸，然后把它们转化成环保产品，如背包、铅笔盒和手提包。这使包装纸免于被填埋，从而对环境产生积极的影响。"

2008 年 7 月 1 日，我们正式在媒体启动了这个计划，《华尔街日报》刊登了头条新闻，开头是这么写的：

> 每年，数十亿个名牌食品和饮料的包装纸被扔进了填埋场。因为它们是多层材料，尽管起到了保鲜的作用，但降解和回收起来非常复杂，费用也很高。这类垃圾向生产商提出了挑战：如何减少对环境的影响，从而提高在具有环保意识的消费者中的声望。
>
> 不过，这种局面正在改变，越来越多的食品和饮料大鳄结成了非凡的联盟，包括卡夫食品集团、家乐氏食品公司(Kellogg)、克里夫能量棒公司和可口可乐公司，以及一个位于特伦顿的名叫 TerraCycle 的小公司。
>
> "TerraCycle 做得最出色的，就是他们创造出了令人着迷的产品。"说这话的是麦克斯办公用品公司的首席采购官

瑞安·维罗（Ryan Vero），他订购了TerraCycle的可沛利和酷爱的档案夹和铅笔袋，而且还订购了秋天用的电脑包。“背着这个包上学很酷，甚至这栋大楼里的管理人员都背着它。”

自从那篇文章刊发后，几乎每天都有关于这个活动的新文章。

卡夫集团的加入带来了很高的信任度，使我们的计划受到其他大品牌的青睐。在我们宣布和卡夫食品集团合作之后不久，我们接到了很多公司的电话，有宝洁公司、通用磨坊（General Mills）、雀巢普瑞纳（Nestle Purina）、耐克、迪斯尼、华纳兄弟、莎莉公司以及菲多利公司等，它们都想进行类似的大规模升级回收活动。

令人惊异的是这个计划的发展潜力。目前，全美国共有几千个回收中心，收集来的有塑料、纸张和金属产品。从某个角度来看，这是一个非常成功的事情。不过，这些中心还需要消耗大量的能源才能把这些垃圾转化成基本成分。接着它们把这些剩下来的成分卖给一些企业，这些企业再消耗大量能源把基本成分转化为低质产品（相对于用原材料制成的产品而言）。比如说，一个塑料瓶最多含有30%的可回收塑料，否则它就不结实了。再举个例子，用100%回收的纸张不太可能再造出高质量的纸张。与金属和玻璃不同，塑料和纸张在循环再利用的过程中，质量会下降。

循环再利用是了不起的，不过它也不是一个“从摇篮到摇篮”的过程。也就是说，它不是更新产品，也不是仅用有限的聚合物来生产产品。威廉·麦克多诺和迈克尔·布朗嘉特把普通商品的生命描写成如下的“从摇篮到坟墓”的过程：“资源被提取，被打造成产品，销售出去，最后被处理，进了某种坟墓，往往是焚烧炉或者填埋场。”相反，一棵树从土地中汲取养分，长成参天大树，但当它死了的时候，它把所有汲取过的养分还给原来的地方（除了阳光）——这是完美的“从摇篮到摇篮”的例证。更为重要的是，不可回收的品牌垃圾的数量是可回收垃圾数量的五倍。

TerraCycle制造新产品的原料来自人们眼中的垃圾。到本书出版时为止，我们在全美国共有三万多个小型升级回收地点（欢迎你随时到www.terracycle.net注册你的团队），每个收集队伍平均有169人，也就是说，数百万美国人加入到了我们的计划之中。在过去的一年里，有5 000多万个旧饮料袋被TerraCycle升级回收（通过收集队伍和其他方式）。我们的目标是：到2011年年末，美国参与回收的场地将达到20万个。令人兴奋的是，这个设想是可以实现的，因为美国较大的品牌都在密切关注这件事情，而且都会把资源交给我们。那些有重大影响力的品牌非常欢迎这个计划，并且把TerraCycle回收的信息印在它们的包装上，这使人们每年数百亿次读到收集活动的信息。

现代回收基础设施给美国消费者提供了一种选择，他们不必把玻璃、塑料和纸张扔掉。一段时间以来，随着TerraCycle在全美国的基础设施不断扩展，美国消费者可以选择升级回收越来越多的不可回收的垃圾。

这个体系的潜力是巨大的，但实施起来也是困难重重。不过有世界上最大品牌和世界上最大零售商的支持，这是完全能够实现的。不仅如此，这个体系实际上已经在大规模地运作了。

我们的活动对环境的影响是深刻的。我们不仅让数百吨不可回收的垃圾免于被填埋，而且减少了对同等数量不可回收的新材料的需求。其中最重要的是，在你用完我们生产的升级回收产品之后，可以把它们返送给我们的回收组织，我们会给参与收集活动的慈善组织以多重信用（取决于产品中升级回收材料的数量），这个循环仍在继续。

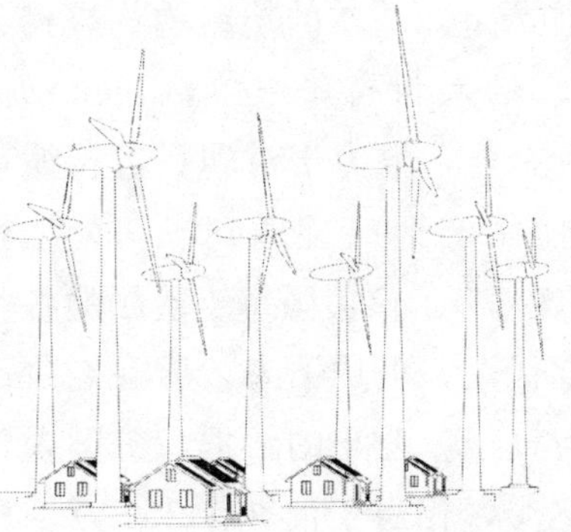

第十二章

升级回收的营销策略

正当收集特许垃圾活动发展迅猛之时，我被邀请去塔吉特百货公司，在他们的“设计周”里给管理层作一次定调子的发言。设计对塔吉特来说一直很重要，不仅包括产品设计，也包括店铺本身的设计，而且每年都集中在一周时间里重点进行。2008年，我去作了关于可持续性设计的发言，实际上就是给他们讲我已经学到的有关垃圾和垃圾的诸多用途方面的知识。我指出，在 TerraCycle 我们相信，我们可以回收任何物质废物源，并把它转化成可用且有用的产品。

会后，塔吉特的几位工作人员请我去吃饭。席间，我问塔吉特的营销经理萨莉·米勒（Sally Mueller）：“萨莉，我们能为你们解决什么垃圾问题?”她笑着说：“塑料袋。你们可以为我们解决塑料袋问题。”她笑的原因是塑料袋太普通、太普遍，而且引起巨大的环境问题，在她看来，很难想象有人能真正对它有所作为。

实际上，我们很难知道世界上有多少塑料袋，也很难知道它们会怎样，而且塑料袋的问题日益严重。基本的塑料购物袋直到20世纪70年代末才出现，发明它的人叫高登·单希（Gordon Dancy）。（他去世之前创办了一个企业，致力于对塑料进行循环再利用。）30年后，世界上每年使用的塑料袋达到5 000亿～10 000亿个（很难提供一个准确的数字）。仅美国每年使用的各类塑料袋和塑料包装纸就达到4 000亿个，平均下来，男女老少每人使用1 000多个。根据《华尔街日报》公布的数据，美国人每年使用的塑料购物袋就有1 000亿个，相当于消耗1 200万桶原油，零售商为此花掉40亿美元——当然，他们会把这笔费用转嫁到我们头上。

塑料袋有什么问题吗？毕竟它很轻，而且我们已经在诚实茶和石原农场的事例中看到，重量是计算垃圾量的重要因素。此外，塑料实际上比纸张更环保（或者说，对环境的影响没有那么恶劣）。因为生产一个购物纸袋需要的能源消耗量是生产一个塑料购物袋的四倍，并且在生产过程中会产生更多的污染，需要十倍的能源才能实现其循环再利用。

不过，塑料袋的循环再利用实际上并不普遍。估计数字出入很大，但多数人认为，得到回收的塑料袋的比例只有一位数。其中，部分原因是塑料袋的材料，另外，还因为回收重量轻的塑料袋无利可图。对一吨塑料袋进行循环再利用需要4 000美元，而市场价格仅为32美元。所以，超市为什么还要为你设一个回收箱呢？实际上它们也没有真正这样做。多数塑料袋被运到填埋场，或者被运到第三世界国家，因为那里关于焚烧塑料袋的法律比较宽松。

然而，最糟糕的是，塑料袋不能通过生物过程降解，而生物过程是不产生污染物的最快分解方式。我是说，你从来没看到过正在腐烂的塑料袋，是吧？这是因为，光照是塑料袋降解的主要途径，但其在塑料袋上发挥作用的过程是非常缓慢的。所以，塑料袋满世界飞，街道、河流和海洋，无处不及。它们常常被海龟当成水母吃掉。即便它们开始降解，也依然不会消失。它们在1 000年的时间里只能分解成小碎片。这些碎片非常易于吸收某些有害化学物质，然后不时地被鱼类吞下——最后也许会被我们吞下。它们堵住了印度的排水系统，塞满了鲸鱼的胃。

这种情况已经达到非常严重的程度，各国政府开始采取行动。2002年，爱尔兰极其成功地制定了塑料袋消费税，消费者要另外花15美分来买购物袋。消费税不仅削减了90%的消费量，而且带来了1 000万美元的收入，这笔钱被用来成立一个环境项目的基金会。现在，塑料袋在旧金山和世界上很多地方都被禁用。2008年11月，纽约市长布隆伯格（Bloomberg）建议，对城市里的所有塑料袋征收罚款。

然而，美国要想对塑料袋征收更高的税率则不太可能很快实现，地方禁令也只能局限在地方。爱尔兰之所以成为成功的典范，是因为那里的人们热情地接受了这个思想——拎着一次性塑料袋是一种不良行为。与爱尔兰不同，美国是一个大国，人们的年龄、背景、兴趣各异。尽管现在人们对环境比较关注，但仍然只有1/3的人愿意为此做点什么。

可重复使用的购物袋是多数人首先想到的解决办法。尽管这类购物袋有了改进，但你必须清楚，所有东西都来自于某种原材料。生产用来制作购物袋的可生物降解的塑料或者纤维织物需要消耗能源，当它们降解的时候，将向环境排放污染物。目前，多数可重复使用的购物袋都是用聚丙烯无纺布制造的。因此，这类可重复使用的购物袋仅仅在功能上是环保的，因为它们取代了普通塑料袋。然而，坦率地讲，它只不过是一个你能够重复使用的耐用塑料袋。当它的可用寿命走到尽头的时候，所有的负面结果就都出来了。

这就是塔吉特提出的挑战，尽管这实际上只是萨莉的玩笑话。她并没真的指望我给她一个回答。对我来说，单就这个问题的严重程度足以让我感到兴奋，因为这里有大量容易找到的原材料。

如果我们能用塑料袋制造出耐用的可重复使用的购物袋，我们就可以取代一次性塑料袋，让数百万个塑料袋免于进入填埋场、海洋和动物的体内，从而减少污染。因为这类购物袋的寿命理论上应该和制造它的塑料一样长，也许不是永久性的，但起码能用相当长的时间。只要我不使用太多的能源来制造新的购物袋，这将是再好不过的解决办法。

所以这就是关键。用什么办法把一次性塑料袋变成不仅结实，而且能够缝在一起的袋子呢？我们已经成功地把果汁袋缝在一起，于是，我首先想到，我们能否把这些塑料袋变成一种材料。但与果汁袋不同，一个塑料袋太容易破了，很难单独缝到一起。

这让我思索起来。我想，能不能用一种相对简单、不需要消耗很多能源的方法把塑料袋熔解？于是我在网上进行搜索，发现了一个叫“etsy. com”的网站，是一群致力于手工制作的人创建的，他们告诉人们怎么进行手工制作。其中有一个视频，是讲如何用普通的熨斗来熔解塑料袋：把塑料袋展开，放在蜡纸中间，这样塑料不会熔化在熨斗上，把两边分别加热 15 秒钟。塑料袋要相对干净一些，如果有字和图案，需要翻过来。最后你得到的是一种质量非常高的材料，可以用来制作各种东西，类似于我们用果汁袋制成的材料，不过它更轻、弹性更好。

我买来了熨斗（这次是从塔吉特买来的），收集了一些塑料袋，把它们带到 TerraCycle 办公室。我和阿尔伯摆弄了一会儿，随后我让皮埃尔·王接管这个项目。此前，皮埃尔在诚实茶和石原农场那里工作。他来 TerraCycle 之前在西雅图，是在 2007 年看了我们在 Craigslist 网站上的招聘广告之后，飞了 3 000 英里前来应聘的。他很高兴负责这个塑料袋纤维的改良工作。熨烫过程并不难，但有一个学习曲线。对皮埃尔来说，学习成本是我们的会议桌——会议桌是唯一够大的地方，结果桌子的磨光没有了。

不要紧，毕竟桌子本身曾经是垃圾。我们尝试了不同厚度的塑料袋，最后做成了一个底部为八层、上面为两层的购物袋。我们在一周的时间里基本解决了萨莉的问题。

开发产品的最后一个环节是如何把熔解过程规模化。显然我们不能仅仅购买很多熨斗，自己来干。最后，我们制造了一台机器，看起来有点像干洗店用的熨裤机。一旦你确认了这种材料，开发产品就很容易了，难的是搞清楚使用垃圾的方法。一旦你搞清楚了，突然间就会有 1 000 个产品等你选择。

看到改良后的购物袋，萨莉既震惊又高兴。不久，塔吉特下了一个大订单，订购我们后来称之为“reTote”的手提包。他们开始把从加州店铺里收集来的塑料袋运给我们（按照法律，出售杂货的商店都要回收塑料袋，包括塔吉特）。每周运来一卡车塑料袋（每卡车大概装 25 万个）。此时，纽约大街的工厂已经没有地方了，我们制造的产品很多，当时已经有 30 种了。我清楚地认识到我们很快会生产更多的产品。于是，我们在特伦顿另找了一大块地方，差不多有一个街区那么大，占地 25 万平方英尺，而且没花多少钱。

与此同时，也就是 2008 年年初，《新闻周刊》（*Newsweek*）请我去参加一个会议，为他们 4 月“地球日”专刊确定内容。他们邀请了很多环保界的人士，有非营利性组织的，也有企业界的。塞思·戈德曼和加里·赫什伯格也都应邀参加。

我觉得非常有意思的是，每家杂志都为“地球日”发行了一期绿色专刊［从《名利场》（*Vanity*）到《时代周刊》（*Time*），再到《时尚》（*Vogue*）］。不可避免的是，它们的内容或多或少有些雷同。于是，我努力思考与之不同的内容。与 TerraCycle 的其他东西一样，这个内容应该和以不同的方式使用垃圾有关。此外，我也觉得，杂志的读者能够做点事情比仅仅读到某些东西更重要，正如收集饮料瓶活动让孩子们参与一样，这会让他们对结果更感兴趣。

尽管近些年来技术有了很大进步，越来越多的使用铜版纸的杂志被循环再利用，但这类杂志的封面油墨很重，很少被回收。于是，我把关注点放在了封面上，想对它做点文章。我打算为TerraCycle创建一个网站，人们可以把旧杂志的封面交上来，这样这些纸就可以被重复使用了。

如果把杂志封面变成邮件包装箱，怎么样？当然，外面是社论——一张大幅照片和文章标题，但里面可以有TerraCycle的地址。我拿起一张餐巾纸，比试着人们会怎样撕下杂志封面，反复折起来，贴上三个侧面，做成一个信封。然后，随便把你想寄给TerraCycle的什么东西放在里面，封好，贴上邮票，投到邮筒里。杂志封面立刻变成了回收箱。

因为杂志的封二是广告的黄金战场，最佳策略就是找到赞助商。我们先找到赞助这则广告的人，然后集中升级回收他们的产品。这是世界上杂志广告首次被升级回收。

我在会议上提出了这个想法，《新闻周刊》的人说："哇，我觉得这个主意太棒了！"我想到了很多人，但实际上只向其中的一些人推销了这个想法。不过，这个做法是我在两天后去明尼苏达州与塔吉特的人会面时突然想到的。我在一个大厅里看到了萨莉，问她塔吉特是否感兴趣。她马上说："我们参加了。"塔吉特最终购买了所有旧杂志的封面。

在塔吉特答应后，我们作了测试，最后弄清楚了做这件事需要花一个小时。也就是说，需要取下广告页，做成一个信封，再把找来的塑料袋放到里面，最后拿到邮局寄出。毕竟《新闻周刊》是周刊，所以我们依靠的冲劲只能持续两周时间，第一周杂志上架销售，第二周杂志过期，此时读者才愿意把杂志撕开。根据这种情况，他们估计，我们有可能收回5 000个"封面信封"。

拿起那本《新闻周刊》，兴奋之情难以言表。就在几个月前，萨莉向我们提出了塑料袋的挑战，如今，我们又实现了另一个突破。

第一周，我们收到 3 000 个袋子，远远超出了我们的预期，然而这无法与接下来一周的情况相比。感谢上帝，邮局接受这些折叠的杂志封面邮件！我们的邮件几乎把特伦顿邮局淹没了。截至第四周，我们收到四万多个杂志封面——他们用卡车给我们送来了一车车的《新闻周刊》。令人惊异的是，在所有收到的塑料袋中，99.9%都是塔吉特百货公司的购物袋。我们不得不招人，对他们进行培训，教授如何熔解购物袋，告诉他们哪些袋子能用。人们在购物袋里留下了各种各样的东西，有收据、硬币、口香糖，还有一些我都不想提的东西。我们在特伦顿有 60 人进行全天候的熔解塑料袋工作。简直是疯了，不过我们最后还是完成了订单，运走了四万多个“reTote”手提包。因为每个手提包都由 20 个塑料袋构成，所以仅第一个订单就拯救了 80 万个塑料袋。

这种做法受到媒体的广泛关注，成为其他种类广告和促销手段的典范，而这并不仅仅是因为它的环保性质。想一想，多数人一般都是略过封面内页的广告，或者只看 5～10 秒钟。而按照我们的做法，四万人用一个小时的时间来“使用”广告，当然有多得多的时间来看广告，并弄清楚广告的内容。塔吉特觉得这种做法非常成功，在首度实施仅几个月后，我们决定在《人物》（*People*）杂志上再度实施。你看，本书的封面也参与了这类活动。把它撕下来，把你的垃圾邮给我们。

这则广告成为升级回收的范例，为每家杂志广告创造了投资的最佳回报。它成为生态企业营销的典范，它越过传统广告和促销的形式，找到了把消费者带入营销过程的途径。

在 TerraCycle 公司短暂的历史中，有很多与众不同的事情，其中之一便是我们在营销和广告上的投入非常小。实际上，我们在广告上从来没花过一分钱！在收集包装进行升级回收方面，我们成功发挥了必要的作用，收集活动在地方创造出一波波的宣传效应，在全美国赢得了良好的声誉。

想象一下，你看到一篇关于一个活动的文章，而你的儿子或者女儿、侄女或者外甥参与了这个活动。接下来，你在家得宝或者塔吉特看到了他们帮助创造的产品，这时你已经与它有了个人联系。如果你是一个收集瓶子、果汁袋或者塔吉特购物袋的孩子，当你看到一个可能是用你收集的这些东西做成的铅笔盒，一定会特别兴奋。如果你在看完《新闻周刊》的广告之后把塔吉特购物袋邮寄过来，当你在塔吉特看到“reTote”手提包时，你也会非常有可能买上一个。

从市场营销的角度来看，特许垃圾将会是我们下一个重大的突破。TerraCycle 品牌标识出现在数十亿个产品上面，同时出现的还有其他大品牌（比如说奥利奥）的标识，而这些大品牌会大力宣传他们的赞助商身份（如通过《新闻周刊》的封面广告），所有这些都会让 TerraCycle 成为升级回收垃圾的象征性标志。

传统广告是被动的，随着印刷广告和电视广告的数量成为天文数字，广告随之失去了效用。升级营销活动不仅让广告商引起了人们的特别关注，而且也催生了出于经验、用户自主创造的最强大的广告载体。

实际上，我还没见过不能升级回收（除了有毒物质）且不能带来巨大经济效益的东西——甚至包括广告！

第十三章

生态企业家的艺术与社会

垃圾不仅仅作为具体物体而存在，如同你刚才在看书时随手扔掉的星巴克咖啡杯，其实它还存在于习惯之中、流程之中、操作之中和观念之中。以对涂鸦的看法为例。你只需在谷歌的新闻里搜索“涂鸦”，就会看到我所说的。下面是我最近查到的内容：

- 两少年因受涂鸦指控被逮捕；
- 受害者因涂鸦被杀；
- 涂鸦差不多花掉萨里校区 90 万美元；
- 县镇瞄准涂鸦争斗中的父母；
- La Quinta 一少年因被怀疑其涂鸦造成 2 000 美元损失而遭逮捕。

作为一个社会，我们每年花掉数百万美元把建筑物、地铁车厢和地下通道的涂鸦用漆涂掉。所以，和你刚刚扔掉的咖啡杯一样，除掉涂鸦，我们也要花钱。涂鸦是另外一种具有负价值的“商品”——一种具有负价值的观念，具有负价值的艺术形式。

问题是，这些“艺术家”找不到作画的地方，因为没人想让他们的艺术出现在墙上，而他们自己又买不起画布等相关的物品。他们能找到作画的唯一地方便是公共墙壁、地下通道等，但这些都是非法空间。如果他们在这些地方作画，他们的艺术成果就会被擦洗掉，同时花去当地纳税人数百万美元。但与此不同的是，我认识一些住在纽约 SOHO 区艺术中心的朋友，他们花数万美元请一位这类艺术家在他们住处的一面墙上作画。70 年代末，艺术家琼-米歇尔·巴斯奎特（Jean-Michel Basquiat）和基恩·哈林（Keith Haring）凭借他们的涂鸦艺术在艺术界声名显赫，他们的作品极具价值。

实际上，自从马塞尔·杜尚（Marcel Duchamp）把尿壶作为雕刻品以来，垃圾作为艺术的一部分至少有一百年的历史了。毕加索和其他立体派艺术家把旧报纸融入他们的艺术之中，罗伯特·劳申贝格（Robert Rauschenberg）在他的雕刻作品中使用了一床旧被子和一只喂饱了的山羊。位于洛杉矶的瓦茨塔群（Watts Towers）是美国最伟大的民间艺术作品之一，它的建造者西蒙·罗迪阿（ Simon Rodia）用的建筑材料大都是废物，包括废金属、旧床架、饮料瓶和镁质容器里的乳状液。今天，我们花数百万美元来清除交通工具和建筑上的涂鸦，为追捕涂鸦艺术家的执法队伍支付薪酬。人们每天因为追求自己的艺术形式而遭到逮捕。当然，人们不能随心所欲地想在哪儿画就在哪儿画。就我个人而言，我不喜欢在自己的房子上涂鸦。不过我认识到，涂鸦是另一种垃圾，可以被转化为资产。

TerraCycle 的涂鸦传统开始于我们搬进特伦顿工厂之初，当时我们邀请利昂·雷恩博和他的朋友们在我们的墙上作画。他们对能有这个机会感到非常兴奋，想画就画，而不必担心警察出现。一个月后，整个工厂都被画好了。这种兴趣是很普遍的，我们的工厂成了变色龙，如我前面提到的那样，每个月整个工厂都被彻底地重新画一遍。不管你是否喜欢这种艺术，这些艺术家的心理有点像佛教徒，也有点像音乐家，他们花几个小时创作一幅作品，保留的时间不过一两周。这让我想起了佛教徒，他们花无数时间造起沙曼荼罗，完成后却被他们摧毁。因为涂鸦艺术是垃圾（这是人们给它下的定义），我不会像我的 SOHO 区朋友那样花几万块钱让自己的墙壁被涂鸦，但我可以帮助他们，给他们提供墙壁作画，而且不受被起诉的威胁。

随着涂鸦在 TerraCycle 发挥的作用越来越大，我们决定发起涂鸦节聚会。我们把整个工厂涂成黑色，然后在一天的节日中用全新的艺术把工厂重新涂一遍。数百位涂鸦艺术家前来参加。我们找到赞助企业，邀请流行音乐节目主持人，准备孩子们可以画画的桌子，还邀请了魔术师以及其他类型的表演者。我们想通过这种方式让社区认识到，涂鸦艺术家并不是故意破坏公共场所外观的人，TerraCycle 所做的就是把涂鸦艺术家置于不同的环境。突然间，大家对涂鸦都表示了肯定。我们和他们都受到了高度关注，与平常有关涂鸦的负面报道截然相反。如果你上 YouTube 去搜索一下“TerraCycle 涂鸦节”，你会看到几个我们每年举办的涂鸦周末的短片。

按照 TerraCycle 的风格，我们决定把这类形式的垃圾带进世界上最大的零售店里。和很多其他我们已经发现并进行商业化运作的废物源一样，涂鸦也可以得到多种方式的使用，并运用到各类产品之中。在我们琢磨把涂鸦商业化的时候，我们想到了最近发现的另一个新废物源——电脑、音响、录像机以及其他电子产品的塑料配件，我们称之为“电子垃圾”。问题是这些产品几乎不可能回收，因为它们含有各种混合塑料，而只有当塑料仅为一种时才能进行回收。

然而，这类电子产品显然正在以惊人的速度增加，而且大多数人还没有意识到把它们填埋让其腐烂的危险性。据估计，有五亿多部旧手机放在家里和办公室。手机壳往往是用铅制作的，铅对所有生物来说都是有毒的。如果这五亿多部旧手机被填埋，将会释放30万磅的铅。电脑主机含铅，电脑电路板含汞、铅和镉。随着人们越来越多地购买液晶电视，旧电视就会像雪崩一样涌入填埋场，给环境造成巨大的破坏。

据环保局估计，每年产生的电子垃圾达300万吨，但其中只有10%被回收。（在这个比例中，可能有一些被运往第三世界国家进行拆除，因为那里的限制性规章制度比较少。）电子垃圾不能被填埋，不能被用来制造任何与商品、饮料以及与其他消费品相关的产品。但它可以被用来制成花盆这样的东西。于是，我们把涂鸦艺术与电子垃圾放在一起，开发了“城市艺术花盆”。我们找到了一个合作伙伴，把金属分离开，把剩下的树脂转化成耐用可塑的塑料，并让他们制作一些样品，涂鸦艺术家们可以使用他们独特的品牌设计。整个思路是：每个花盆都是一个与众不同的艺术作品。

2008年夏末，我们把制成的样品拿到零售商那里。一个月内，我们接到了家得宝2.5万个花盆的订单。接下来我们要考虑的是：如何进行生产规模化。回顾过去，我觉得这是有史以来对独特的涂鸦所进行的最大的商业化运作。你可能觉得给很多六英寸高的花盆涂色非常简单，不过从你读这本书到现在，你知道，在TerraCycle没有什么东西和现存的一样。这也是接手管理这个项目的史蒂夫·卡什根（Steve Kachigan）的感受。

电子垃圾在加州被转化成花盆，但绘制工作是由当地的涂鸦艺术家完成的，所以这道程序必须在特伦顿进行。首先需要解决的问题是找到绘制花盆的地方。我们在纽约大街的工厂院子里有一座小房子闲着没用，曾经用来当修理汽车的车库，现在里面装满了汽车配件，包括几种拥有潜在价值的东西——仍然装在箱子里的崭新的汽油和机油滤清器及空气滤清器，我们把它们放在了eBay网上。

和往常一样，这又是一场与时间的赛跑，花盆订单的最后期限是12月末，而下订单的时间是10月。我们不知道大规模制作

“城市艺术花盆”会涉及什么，但既然我们周围都是涂鸦艺术家，我们觉得这不是问题。我们把整个计划与几位涂鸦艺术家说了，包括管理绘制工作、选择绘制设备和合适的涂料、找到其他的涂鸦绘制者以及其他需要准备的工作。他们似乎很沉着，第一天直到早上 9 点，他们还没有出现。原来他们不是按照常规的朝九晚五工作的。

与此同时，我们在当地报纸上刊登了一则广告，想多找一些涂鸦绘制者。我们终于招到了十位适合我们工作日程和操作体系的当地艺术家。我们对流水作业的第一个尝试就是把没有绘制的花盆放到转盘上，因为这样很容易让花盆的所有部位都被接触到。我们首先要涂上深绿色的基色漆，接下来是我们称为“褪漆”的淡一点儿的绿色，这种漆在流到花盆一半的时候逐渐褪变成基色漆颜色，这种设计的想法是让花盆看起来像在连续褪色。下一步是让涂鸦艺术家在漆上作画。我们有两个人上基色漆，一个人上褪色漆。基色漆涂完后，花盆必须要通过隧道窑，让漆稳定，然后放在架上，晾一个晚上。

我们估计每人每小时能够完成 24 个花盆，这样，五名画家每小时可以完成 120 个，每天 1 000 个。按照这个速度，我们可以按期完成订单。不料，第一天就出了麻烦。所有的设备都不好用，给花盆涂漆比我们预想的要难得多。在转盘上花的时间太长，因为你必须把花盆从一个转盘移到另一个转盘上，这样才能上第二道漆。第一天我们只完成了不到 100 个花盆。第二天的情况同第一天差不多，显然我们遇到了困难。

第二天的工作结束后，斯蒂夫去拜访一家自动涂装店，想了解给塑料上漆的方法，向他们求助。他们派去了一个叫杰克的人。杰克是一位给汽车涂装的专业人士，正在因伤休假。杰克看了看我们干的活，说做的都不对，要帮我们修正。他不仅亲自动手给我们演示如何建起装配线，而且说要帮助我们管理涂装。在涂装室，杰克让我们支起四张桌子，上面铺上大块纸板，每张桌子上放12个花盆。他喷上了基色漆，喷完四个花盆后，回来上褪漆。半个小时，他给48个花盆涂完了基色漆。他使我们转危为安。

平安夜，斯蒂夫被邻居的比特犬困在了画室。这条狗非常凶猛（真正的犹太人区的猎犬），你离它还有50英尺远，它就发疯地狂叫。我们的院子里有无数个电视摄像头和抓拍摄像头，而你唯一听到的声音便来自这条可恶的狗。斯蒂夫当然很害怕，不得不叫来警察把他安全带出去，除了这件事，一切似乎都如同我们希望的那样顺利。

不过，有两个涂鸦绘制者打起来了。在对峙中，一个人抽出了一把刀，开始威胁另一个人。第二个人说："来呀，来呀。"斯蒂夫挡在他们中间，奋力想把他们拉开。这时正好有一位送货员开车过来。他从总公司的办公室喊来人，大家一起把他们拉开，避免了一场血战。我们开除了那个持刀的人，但杰克不满意了。"我受够了——"他大叫着走了出去。我们能高效完成任务的人手突然少了一半，而此时还有几千个花盆没有绘制呢。

幸好，另一位画家克莱夫（Clive）填补了这个空位。他学过如何使用设备，也知道如何绘制。更为重要的是，他从牙买加的一所大学拿到了文学学位（他来自那里）。斯蒂夫决定只用这三个人便可以完成订单，他说到做到。克利夫现在是TerraCycle绘制部的负责人。"城市艺术花盆"在家得宝、弗雷德·梅尔（Fred Meyer）和其他几个零售店非常畅销，并且得到了《美好家园》（*Better Homes and Gardens*）以及另外50家杂志的赞誉。我们最近开始制作以节日为主题的花盆——为圣诞节制作猩猩木花盆，为复活节制作百合花盆。我们拓宽了产品种类（想给获得成功的产品变换一下风格），增添了废纸篓大小的垃圾箱。这是我最喜欢的产品之一，因为它是用电子零件制作的，而且上面涂满了"垃圾艺术"。我们现在开始绘制收集来的酸奶杯，并把完成的酸奶杯出售给托儿所，用来栽种花草。这再次验证了一个道理：一旦你找到使用垃圾的方法，甚至是涂鸦，后来出现的很多机会是你刚开始没有意识到的。涂鸦也成为众多不同产品的原材料。

本着生态企业的理念，我们想在美国把企业做成“树”而不是“火”。树从土壤、空气和阳光中汲取营养。在它的生命历程中，它可以长成参天大树，但它总是把索取的一部分还给自然环境。有意思的是，它还可以以其他有机体的废物为生，成为某种堆肥厂。就这样，在它的生命尽头，它逐渐把索取的剩下的部分还给大自然。有时它吸取的能量会以新形式存在（比如说，煤炭和天然气），然而，它本质上是可持续发展的。而火尽可能快地用尽自己的潜力来消耗能源，并把能源进行转化，留下垃圾。尽管火可以提供一些有益的产品（比如用很多方法来促进种子发芽，修复自然等），但它不能以可持续的形式发展，会在某个时刻燃尽，而没有留下任何可以消费的东西。

在生态企业界，艺术、活动和思想与其他任何事物一样都是社会生命周期的一部分。我们认为，某些事物，如涂鸦，是不悦目、不吸引人的，甚至是令人讨厌的，所以我们花钱除去它们。另外一个例子是内城的犹太人区，我们花钱搬出来，忘记了他们的存在。我敢说，大多数居住在普林斯顿（美国最富裕的地区之一，也是白人比例最高的地区之一——现在我还住在那里）的人从来没有到过十分钟路程开外的特伦顿（美国最贫困、最危险的地区之一，也是黑人最集中的地区之一）。

有很多城市的环境非常脏乱，大街上到处都是无家可归的人，他们的经济收入主要依赖某些犯罪活动。然而，所有这些都是需要花钱的。正如《自然资本论》（*Natural Capitalism*）的作者指出的那样：“我们每年为非法毒品向罪犯支付 400 亿美元。犯罪每年花去了 4 500 亿美元。我们治疗肥胖症的费用是 690 亿美元，治疗心脏病和中风的费用是 2 740 亿美元，应对药物滥用的费用为 520 亿美元。第二次世界大战 60 年后，美国城市好像曾经被轰炸过，而真正遭过轰炸的柏林和德累斯顿却繁荣兴旺。”

垃圾是整个系统的基本特征，既是因，也是果。为了让这个系统保持运行，需要投入大量的时间、金钱和物资。在美国，工业中每天使用的材料是每个公民体重的 20 倍以上，相当于每个美国人每年 100 多万磅，而其中的大多数都成了垃圾。在一辆汽车消耗的能源中，95%都用来驱动汽车前进，而这部分能源的 80%又作为热量和废气消耗掉了。司机和乘客只是消耗能源的次要因素。

制造易拉罐的费用要高于里面所装的饮料费用，不过大部分过程（超过十个月）都是在生产废物，这是詹姆斯·沃马克（James Womack）和丹尼尔·琼斯（Daniel Jones）在他们的著作《精益思维》（*Lean Thinking*）中描述的。以在英国购买一罐饮料为例，整个过程始于澳大利亚，铝土矿石被开采出来，提炼成氧化铝。当氧化铝累积到足够量的时候，被装上巨轮，运到瑞典或者挪威（因为那里的能源便宜）。在海上颠簸一个月后，还要等上一两个月，直到每吨氧化铝被转化成半吨金属铝。铝被加热到华氏 900 度左右，被滚成厚度为 1/8 英寸的铝板，接着被再次滚成 1/80 英寸厚的铝板。然后，这些铝板被运往英国，在那里被制成易拉罐，经过清洗、烘干、两次喷漆，再在里面涂上防腐蚀的保护层。

接着，这些易拉罐被运到瓶装厂，再次清洗，装上饮料，封上易拉罐盖。这些装满饮料的易拉罐被运到经销商那里，他们再把它们运到商店，出售给消费者。历经前后 300 多天后，有人购买了这罐饮料，十分钟内喝光，然后（大多时候）把空罐扔到垃圾桶里。然而，扔掉的不仅是易拉罐，也包括制作这个易拉罐所投入的价值数千美元的时间与精力。因此我们需要考虑用另一种方式来做事。

在投放 TerraCycle 的一系列产品，如液态肥料、清洁剂、驱虫剂等类似产品时，我认识到，几乎所有商品都是作为瓶装液体进行销售的，从窗户清洁剂到驱蚊剂，基本上都是水，比例占到 98%～99%。无论是什么品牌，无论是饮料、窗户清洁剂还是驱蚊剂，无论是环保的还是非环保的，都是液体，TerraCycle 的产

绝重量级的投资者或者力图受到最大竞争者的指控。我想告诫大家的是，无论发生什么事情，你都要尽量找到合适的角度为这件事进行良好的宣传。

正如我前面所说的那样，TerraCycle具有某些独特之处，使之从一开始就受到了媒体的关注。我永远不会低估“蚯蚓堆肥”的重要性。如果我们找到了超快超便宜的方法把从普林斯顿大学食堂弄来的有机垃圾制造成堆肥，它早已经成了一笔大生意，但多数媒体人只能把它列为具有价值但并不令人兴奋的新企业。“蚯蚓堆肥”让大家耳目一新，铭记在心。

当然，你不能仅仅为了吸引人而给自己的企业突然添加出乎预料、令人惊异的东西，不过你可以充分利用机会。如果我们坚持让大家说我们制造的是“蚯蚓粪便液”，我想，我们根本没有发展前途。顺便说一句，我们花了很长时间让员工不说“蚯蚓粪便”，改说“蚯蚓堆肥”。关于这个说法，有意思的是，它多多少少只是TerraCycle的一个产品，我们可以在采访中不断重复，加之这个说法提供了轻松的气氛，多数记者我们在接触时都很严肃。关于蚯蚓堆肥，制造一两个笑话会让我们的推销充满乐趣，更能让人记住，也更能让媒体感兴趣。

要想在电台采访中无数次巧妙处理TerraCycle这个名字并不那么容易，但“蚯蚓堆肥”就不同。比如：“我们取来固态蚯蚓堆肥，放在液化池里，混于水中，让其沉淀，进行液化”这个描述有助于给人们留下深刻的印象。几乎所有关于TerraCycle的文章和采访都含有这些有魔力的文字，使我们的产品在商店和货架上一眼就被识别出来。

公关的技巧是提供有趣又适时的故事。幸运的是，TerraCycle正是这类故事。听众喜欢马利（那朵罂粟花）死而复活的故事。尽管我从普林斯顿大学退学（这也成为故事的一部分）去卖蚯蚓堆肥看起来非常荒谬，但大家都喜欢反传统的做法。诚实茶公司的塞思·戈德曼和克里夫能量棒公司的加里·埃里克森都有过类似的经历，他们两个人都放弃了自己的事业，开创了其他行业。在妈妈的厨房里开创企业，怀着美国梦，还有什么比这更好的呢？这个故事与每个人都息息相关。我们被史高斯起诉的经历也具有相似的吸引力——人们喜欢支持居于下风者：一个辍学的学生，一个跌倒了再爬起来的孩子。

所以说，从一开始，TerraCycle 不仅仅是一个产品，而是一个引人入胜、鼓舞人心的故事。这个能让人真切感受到的能激起读者共鸣的故事，有助于我们引起大小媒体的注意（当然，我们也做了大量艰苦的工作）。这是公关宣传的第一阶段。大家总是这样说，如果你创立企业，你要引起媒体的关注，不过第一波宣传平息之后，你需要做广告，因为像《华尔街日报》这样的大型媒体不会重复报道同一企业。这种说法在某种程度上是对的，但 TerraCycle 是一个鲜活的例证，证明有办法让媒体来不断报道你。五年里，我们没花一分钱做广告，我们将来也不会。然而仅在 2007 年和 2008 年，《华尔街日报》就在报纸和它的网站上刊发了九篇关于 TerraCycle 的文章。

事实上，在过去的五年里，我们的宣传几乎是呈几何级数增长的。下面是一些数字：

2003 年：媒体刊登 21 篇报道，发行量 250 万份
2004 年：媒体刊登 32 篇报道，发行量 320 万份
2005 年：媒体刊登 47 篇报道，发行量 1 250 万份
2006 年：媒体刊登 190 篇报道，发行量 2 900 万份
2007 年：媒体刊登 360 篇报道，发行量 6 700 万份
2008 年：媒体刊登 700 篇报道，发行量 1.5 亿份

尽管 2007 年我们在公关部门仅投入了十万美元（包括员工的薪酬），但我们取得了骄人的业绩。当企业不再是初生牛犊之时，它如何继续引起公众的关注呢？公共关系不断发展的指导原

则是什么？更为重要的是，如何让同一媒体不断对你进行报道？下面是我的体会。

1. 不聘请公关公司。依我看，这是最重要的原则。原因很简单：公关公司感兴趣的主要是每月收取的费用，而不是宣传你。如果他们真的对宣传你感兴趣，他们会按照给具体客户发表文章的数量收取费用。收费公式大概是这样：报道的版面/时间×报道的视角×版面的价值。换句话说，杂志或者电视对客户的报道时间越长，对客户的核心业务刻画得越好，受众数量越大，公关公司赚的就越多。总之，在博客中简短而不加感情色彩地提一下，意义不大。在听完我的要求后，所有公关公司都挂断了我的电话。

此外，按照我的一位记者朋友的说法，他们更喜欢和企业主或者公司的人谈话，而不喜欢和外面的顾问交谈。记者总想寻找一个全新的视角，或者对他们具体的受众具有强烈吸引力的角度。他们自然会觉得从公司那里而不是从中间人那里能得到他们想要的东西。这便引出了我的下一个原则。

2. 赋予新闻报道以故事性。很多记者都是超负荷地工作，如果你能给他们一个事先包装好的报道，你就有了成功的把握。多数新闻报道都很枯燥冗长，不是在真正讲故事。比如说，一则产品告示，尽管它本身不是故事，但我们可以赋予它一定的故事性。请记住，要让别人看起来是故事，牢记这一点是很重要的。我敢说，你的祖父肯定唠叨过一些往事（请注意，他是热情地聊）的时候，他讲的是故事，因为你的祖父让它以故事的形式出现。对于一份难以抗拒的稿件，媒体会一字不漏地刊登出来。噢，对了，全看标题！标题既会成全你的稿件，也会枪毙你的稿件。

在 TerraCycle，阿尔伯制定了一个规则，就是让每个稿件都适合特定的杂志或者报纸。新闻报道看起来不要像从冰箱里拿出来解冻的食物那样冰冷呆板，而是读起来要像一封信，开头就要能够满足这家杂志或者报纸的需求、兴趣和读者。如果把关于TerraCycle植物肥料的稿件投给美国退休人员协会（American Association of Retired Persons，AARP）的杂志编辑，那么文章谈论的就是老年人如何需要特别小心，警惕进入家门的化学品危害自己、儿孙和宠物的健康。相反，如果把稿件投给《纽约客》（*New Yorker*），文章谈论的内容就会是绿色如何是一种新的流行色，植物肥料使用起来如何方便、如何环保，从而马上让读者觉得耳目一新。

记者不喜欢一稿多用的普通稿件。在TerraCycle，我们掌握了快速反应的艺术，即用很短的时间写出有针对性的新闻稿以确保符合各类编辑和媒体及其读者的要求。这是很多公关部门为上大型媒体的做法——他们至少会亲自这么做，但TerraCycle把这个原则应用到任何一家媒体，无论大小。前面我们已经看到了，地方报纸对TerraCycle进行了强有力的宣传，于是这引出了第三个原则。

3. 专注于地方报纸。你知道美国一共有一万多家地方报纸吗？而它们的工作人员却很少。他们没有足够的人手去报道当地的棒球比赛，也没有人手对当地学校举办的烘烤品售卖会进行报道，所以它们常常找不到足够的地方内容。然而，地方企业是它们的主要广告商，它们很高兴提供一些版面，于是TerraCycle得到了数百个讲述地方故事的机会。比如说，当我们在零售商那里投放产品时，我们会给每个零售商的店铺都草拟出一份地方新闻报道。然后，我们给那个地区的地方报社打电话，告诉它们，当地的一家商店正在经销一种非常棒的新产品——我们坚信不疑的产品，瞧吧！它们很可能就会写一篇报道。

不仅如此，当我们在一个小镇启动一项新活动时，我们给报社提供的内容不仅包括对活动过程的描述以及活动的益处，而且还配以学生和教师的照片，并引用他们所说的关于“TerraCycle对环境和组织所作的伟大贡献”等话语。这类故事正是地方报纸所看重的。当然，《华尔街日报》的报道对吸引投资者和新客户的作用更大。不过，大多数美国人都是从地方性报纸而不是全国性报纸上获知新闻的。所以，无论报纸的发行量是 5 000 份还是 50 万份，在那个地区，那家报纸是最受信赖的，也往往是最易被忽视的媒体资源。

4. 打电话。多数人的做法是，一旦他们写完了稿件，就会把稿件放到新闻专线上，以为大功告成，因为他们的报道太精彩了。然而，如果你真的需要宣传，你不能就此打住。你需要打电话，发邮件，不停地打电话。打电话的目的是确保稿件已被接收，看看他们是否还需要什么东西，然后再另找理由打电话，解释产品十分适合读者的理由。编辑和记者每天收到的电子邮件可达数百封，他们也许没有时间和精力来阅读你的稿件。

所以，你必须不断地打电话，直到他们接听你的电话为止。一旦对方有人接电话，你一定要仔细斟酌你的故事，并对其充满激情，目的是引起他们的关注。此外，在打电话之前，要寻找写稿件的记者。如果你要让记者把你的想法写成故事，你需要在他们身上多投入一点儿。和记者交朋友，如果你有好的产品，给他们适用的信息，这实际上是在帮助他们，他们会记住这一点的。此外，一定要珍惜他们的时间，尊重他们迫在眉睫的截稿日期。记者要取悦编辑和报社，还要每天关注截稿日期，所以一定要意识到他们时间有限。打电话时，一开始就要问他们能否抽出一点时间听听完全适合他们的“独家报道”。如果他们说没有时间，你要问问可否安排一个更好的时间来谈。记者会感激你的通情达理和对他们的尊重。如果他们有时间听你讲，你就要马上切入正题。记者需要简练易懂的推销，一次提供太多的信息只能分散他们的注意力，让他们搞不懂你要表达的意思。

5. 帮助记者工作。记者和大多数人一样，有自己的工作，他们的工作就是写相关的及时的有趣的文章，并确保这些文章能增加报纸和杂志的销量。为了做到这一点，他们可能需要采访与事件相关的很多人（这要占用他们的时间），作调查（这将花费更多的时间），派摄影记者去拍照（这要花费更多的时间和金钱）。为了让记者有兴趣写你，你需要尽量帮助他们完成工作。在你发出稿件之前，应该把引用别人的话准备好，把他们要进行采访的问题列好，准备好这个主题的背景调查，邀请好熟悉你们企业的独立分析家或者专家，备好高清晰度的图片。这样，记者的工作就轻松多了，文章刊发的可能性就会加大，刊登一篇更长更富于激情的文章的几率就会激增。这也会让记者尊重你，希望未来继续与你合作。如果他们知道你能够提供一篇好文章所需要的一切，他们会花时间听你以后的推销计划。此后的工作难度在于，你需要创作出新故事以满足记者的胃口，因为他们已经写过你了。当你每一次有新的提议，上市新的产品或建立新的合作关系时，这都相当于新闻。例如，当我们在麦克斯办公用品公司举办展览会时，有60多篇关于此活动的文章见诸报端。

宣传对新企业尤为重要。有意思的是，大企业往往把公关视为风险。他们更喜欢控制消息，也就是他们能够控制广告。顾名思义，宣传是由企业外部的人写文章，它越来越成为风险管理而不是正面的关注。如果你是一个处在发展阶段的小企业，不要落入这个陷阱。公关是你拥有的最大资产，正是因为你小，正在发展，才可以这么说。美国是建立在开创自己事业的美国梦基础之上的，是白手起家的故事，即便你还没有财富也可以怀有美国梦。如果你能展示你实现美国梦的方法，媒体会把你视为英雄。在我们几乎没有任何客户的时候，丹·拉瑟和CBS愿意在全国晚间新闻中给我们五分钟的时间。不管你是受到起诉，还是创立新企业，宣传可以说是你最有力的工具。

所以说，公关宣传的第二阶段就是创造新故事，让媒体保持对你的兴趣，与能让媒体为你造势的人建立关系。不过，之后你面临的问题便是：你以后的前进方向在哪里？你如何得到免费的，而且最重要的是，最佳的媒体曝光？这就是第三阶段——

启动本身就可以宣传造势的活动。收集活动就是一个很好的例证。

如何让收集活动发挥宣传的作用，最佳的展示方式便是从个人的视角去想象收集活动的样子。举一个苏茜的例子。她从学校回到家，告诉妈妈，他们知道了地球为什么变得越来越热、动植物在慢慢消失的原因。她严肃地告诉妈妈，他们必须要开始回收更多的东西。苏茜的妈妈表示同意，并建议回收计划可以作为苏茜四年级班级的社区服务计划。

苏茜把这个想法带到了学校，她的老师想起了最近在其所在城市的地方报纸上看到的一篇文章，讲的是鼓励孩子们收集旧饮料袋的活动，活动的目的就是让旧饮料袋免于被填埋，同时也是一个为学校筹集资金的渠道。她给苏茜讲了关于 TerraCycle 的事，苏茜非常高兴地把自己的计划和 TerraCycle 联系在一起。

在妈妈的帮助下，苏茜登录了 www. terracycle. net 网站，看到她一直喝的饮料可沛利正在赞助升级回收饮料袋的活动。此外，苏茜也了解到，这些饮料袋都是不可回收的，生物降解需要几十年。让她高兴的是，那些回收来的饮料袋被做成了新的手提包、背包和铅笔盒，而且在大超市都有的卖，他们家每周必去的塔吉特百货公司也有的卖。她感到非常兴奋，不仅因为她收集的饮料袋不会被扔进填埋场，还因为那些饮料袋又有了第二次生命，减少了制造漂亮的手提包、背包和其他产品对新原料的需求。

苏茜在网站上进行了注册，把自己的名字加入到名单里，成为了一名收集者。她立刻就收到了 TerraCycle 发来的电子邮件，告诉她可以开始收集饮料袋。苏茜把这件事告诉了学校、足球队、童子军和教堂里的朋友，甚至也告诉了她不喜欢的钢琴老师。很快，大家每天都把饮料袋送给苏茜。她的足球教练甚至买来可沛利饮料作为比赛当天的饮料。她开始经商了。

苏茜打开 TerraCycle 最近寄给她的欢迎礼包/运送工具包，

她在邮袋里装进去200个可沛利饮料袋。几周后，苏茜登录了她的TerraCycle账户页面，看到TerraCycle已经收到了装有200个饮料袋的包裹。苏茜意识到，如果她每隔几周寄一个包裹，就会赚到20美元，足以给班级养的小仓鼠购买整个夏天的口粮。5月，苏茜所在学校的家长—教师联谊会接到了TerraCycle寄来的20美元支票，他们班级的仓鼠得到了一袋可以维持整个夏天的粮食。

TerraCycle的公关团队积极地在苏茜所在的城市进行宣传收集饮料袋的事迹。当地报纸、博客、校区的时事通讯，甚至大型报纸都在显要位置报道了当地年轻人、教会团体和思域车友会解决垃圾问题的活动。明尼苏达州的一家地方报纸也许不会报道总部位于新泽西的企业，但他们会把苏茜和同学的照片放在头版。每天都有大量文章见报。在短短几个月里，那个城市的很多人都听说了我们公司。自然，苏茜的妈妈和其他很多人都会对这家公司感到很好奇，苏茜很高兴地给他们讲解有关蚯蚓堆肥的植物肥料以及生态安全的清洁产品。

苏茜不仅收集了几千个饮料袋，使它们免于被填埋，而且她成了我们公司倡导可持续发展的传声筒，她骄傲地把自己用的笔放在了用可沛利饮料袋做成的铅笔盒里，这是她最近从当地的沃尔玛买来的。

然而，涟漪效应不会就此止步，TerraCycle的整体轰动效应相当于苏茜家乡的100倍。现在，卡夫的可沛利品牌经理对他们所受到的大力宣传喜出望外，他们的“可持续发展部”对媒体报道他们为环保所作的努力感到欣喜若狂。他们时常给TerraCycle的客服部门打电话，提出请求，如：卡夫要开董事会了，TerraCycle能不能给董事会寄来手提包？TerraCycle能不能给参加由可沛利赞助的音乐会的摇滚明星提供一个手提包？通常，他们的请求是让TerraCycle给他们的广告公司提供有关升级回收的“有趣事实”，因为他们要在电视上宣传公司的可持续发展计划。谈话也往往涉及如何把饮料袋收集活动进一步融入下一年的整合营销（传播）计划当中等话题。

第四阶段是开始创作自己的内容。这是重要的转折点，以前你是经常被写，现在要自己写。在过去的100年间，媒体渠道的数量急剧增加，不仅表现在形式上，也表现在每种媒介的数量上。电台、电视、有线电视和互联网等媒体的发展齐头并进。结果，对内容的需求激增，但问题是没有足够的素材。

此外，随着人们与媒体一同成长，他们对媒体的控制能力也越来越强。当一代人伴随着美国电视网络成长起来后，就会出现更加个性化、地方化和专题化的节目。有线电视满足了这类需求，人们开始制作自己的电视节目。手持摄像机的发明让每一个人制作电视节目成为可能。脱口秀、社会传真节目、现场接听电话节目的数量不断飙升。

个性化制作的媒体得到了迅速发展，互联网使这种发展达到了巅峰。有很多自己创作的机会，如同开通自己的博客一样简单。一旦你成了内容的创造者，你就会成为专家，就会被邀请参加你所擅长的这个主题的节目。比如说，温迪·邦兹（Wendy Bounds），也就是我们第一次与《华尔街日报》接触的记者，每周都要在CNBC做节目，谈论自己擅长的研究领域——小企业。

TerraCycle的家园是互联网。博客作者一直喜欢TerraCycle，当史高斯提起诉讼的时候，文章席卷网络。实际上我们推给博客作者的文章有数百篇。他们的素材并不多，所以他们特别愿意接受，也喜欢收到推销电话和电子邮件。博客主要关注搜集的材料。它们不受空间的限制——想登多少文章就登多少，它们真正需要的是能够增加访问量、让广告商感兴趣的题材，这样博客作者们就可以赚到更多的搜索广告费。对他们而言，当然是越多越好。

在《Inc.》杂志——它给TerraCycle写了七篇文章——请我给他们写博客之后，我猛然意识到了这一点。我曾经给他们的网站写过一篇关于史高斯诉讼案的文章。2008年年初，他们新开了几个博客。他们问我能否写写有关生态企业的文章。我写的第一篇博客名为“建立公共关系的秘方”。别着急去找，你现在读的就是这个内容。

这确实是我的观点。写那篇博客让我开始思考，如何进一步利用我写的内容。很显然，对我来说，当写你的文章达到一定数量的时候，下一步骤就变成了观点。在《华尔街日报》和《纽约时报》上刊发文章几年后，TerraCycle自己变成了专家，成为一个颇受尊重的实体，可以对时事或者绿色行动发表自己的看法。特别是在互联网时代，有无数个专门为某些行业服务的网站，它们都需要好的内容。

相信正在阅读本书的读者中，多数人都非常熟悉一些网站，那些网站的目的是让人们能够分享它们认为重要的、有趣的或者怪异的内容，像Digg. com、Reddit. com或者hugg. com的网站都是Digg. com的绿色版。所以，我们可以把我发表在《Inc.》杂志上的文章贴在五个内容共享的网站上。如果每个网站都有一个人在自己的博客上写这个内容，再链接到《Inc.》杂志的原始内容，你就有11篇文章被人关注。所以，博客作者通过把自己的文章贴到共享网站，再让无数人把它贴到Digg. com和其他网站上的方法，来提升自己的知名度。这些人也许会在自己的网站上设链接。正如我说的那样，内容越多越好。

所以，我觉得我们需要更多的博客，不是在我们的网站上，而是在其他网站上，这会让内容更加可信，更容易被他人浏览。因为每个网站都需要原创内容，我们从专家的视角罗列了可以写的不同主题。我们决定推销有关商业、生态企业、包装和环境的博客。如果几个对此感兴趣的大网站中有两三个同意发表，我们就能在互联网上取得重大胜利。在本书出版的时候，TerraCycle博客将与30多个博客联合发表文章，我们在不少杂志上也开辟了专栏。

本书属于第四阶段。你也许第一时间购买了本书，因为你在电台上听说过 TerraCycle 的故事或者在报纸上读过我们的故事。本书的出版起到了扩大宣传的作用，而这个宣传也将带来更多的销量、更加壮大的收集队伍，继而带来更加广泛的宣传。不仅如此，TerraCycle 正在拍摄一个电视节目，这个节目也会带动它自己的宣传循环。

最终的目标是第五阶段。在这个阶段，你或者你的企业被媒体关注，从而被公众注意，所以你在宣传上所做的一切（往往是私下的）就会成为新闻循环的一部分。总之，你成了名人，这在当今由媒体推动的世界里成为一种强大的力量。正如博诺（Bono）及他人指出的那样，出名会引来大量免费的媒体报道，而这能够带来永久的意识和动力。

第十五章 如何每周上市一个环保产品

我们在特伦顿的新工厂里，有一层楼被装上了配有锁头和钥匙的防盗网。然而，楼板上的东西都是垃圾。这是做什么用的呢？我们仓库与填埋场唯一的区别在于：一个把垃圾进行分离，另一个是把垃圾全部混在一起。

那些防盗网后面的东西是干净的前消费品牌垃圾，它们也许是世界上最珍贵的垃圾。当然，它们当中要么是有一点儿问题，要么就是有一点儿旧，比如卡夫集团、菲多利公司或者其他公司的问题产品。想象一下，如果这些垃圾落到不适当的人的手里会怎么样？用这些高质量、高形象的品牌包装纸包装的低质饼干、薯条或者糖果，不仅对顾客来说是冒牌货，对品牌所有人来说也是不光彩的事情。于是，我们确保这些东西不流出去。

我们与卡夫集团以及其他大型企业的合作关系突然给我们提供了大量财富，至少说是垃圾财产。由于这些公司的规模比较大，即便只有0.1%的包装出现印刷问题，或者产品过期，都会给我们提供数量巨大的原材料。我们不想让这些“垃圾”成为

“垃圾”，所以我们积极地进行产品开发。

显然，这对 TerraCycle 来说并不困难，但对一个遵循产品开发标准模式的大型企业来说，难度较大。当一个大企业决定向市场投放全新的产品时，他们知道自己开始了一个漫长且复杂的过程，而且还不一定成功。除了像汽车和洗衣机这样大型而复杂的产品，公司可能要花上数年时间和数百万美元生产出一种新产品，其中出现的障碍自然让他们对尝试新产品慎之又慎。

他们首先要做的就是要弄清楚自己的品牌能够满足哪些仍未被满足的顾客的需求。这需要工作人员或者顾问进行入户调查，需要进行访谈和召开焦点小组座谈会，需要投入大量的时间和金钱。接下来，他们让设计师或者工程师根据已经摸清的顾客需求设计预案，这不可避免地涉及几个部门，需要召开很多会议，可能还需要对材料或者成分进行新的调研，这需要投入更多的时间和金钱。最后，他们确定下来一种或两种新产品，然后让客户试用，有时分发样品，对用户进行调查。

如果这些测试很成功，他们接下来要建立生产性基础设施。这样，如果这种新产品受到顾客欢迎，他们就知道自己具有大规模生产的能力。大企业需要做的最后一件事是应对热卖新产品的脱销。这也许需要给工厂配备新设备，或者招聘更多的人员，或者这两项工作同时进行。与此同时，销售、营销和公关人员共同制订规划，让产品从零售商（他们对此一无所知）的货架上被买走。仅这个过程就需要大量的时间和资金，不仅如此，要让所有环节运行良好，这个计划还需要很大的后期投入。

这个过程的花费可达 1 000 万美元，需要花上两年时间。此外，它套住了企业，即便产品失败，企业也无法从中脱身。通常，如果最初的结果不尽如人意，公司会投入更多的资金进行产品促销，提高折扣，加大广告宣传等。这种潜在的恶性循环才是真正的浪费。

我们的这个过程与之不同。为了做到这一点，我们作了两个综合假设。第一，如果有环保产品，顾客往往会选择环保产品（也就是说，他们不必特地去找），尤其在环保产品的价格与非环保的竞争产品的价格相当的情况下更是如此。这是依据我们的经验和我们看到的身边的情况而作的比较保险的设想。

第二个重大设想是，大型零售商了解他们顾客的需求。这听起来也是可靠的设想，因为零售商知道自己店铺卖的是什么。实际上，我们往前迈了一步。既然大型零售商能吸引顾客进行如此慷慨的消费，可以说，大型零售商需要的往往就是顾客需要的。我们认为，得出这个结论是合理的。即便有人不在塔吉特或者家得宝购物，我们认为，消费者仍有可能对这些大卖场热销的产品感兴趣。

其中，第二个假设是 TerraCycle 率先采用的革命性企业模式的基础，至少我们这个先锋作用体现在确定下一步攻坚产品的方法上。我们把自己发明的方法称为“发现销售”。也就是说，我们开发产品往往从我们的销售队伍开始。

一般情况下，企业在每个零售店只与一个买方会面。比如说，作为生产植物肥料的企业，我们只在合伙零售商的园艺部与买方会谈。大多数时候，销售代表销售的是事先已经存在的产品。所以当销售代表开会的时候，他们早已确定了要推销的产品。如果他们推销的是新产品，他们可能会带上产品的模型。不过请记住，他们公司已经投入了大笔资金，不仅投在了产品开发上，也投在了大规模生产那种产品所需的内部资源上。换句话说，他们提供的产品没有弹性，买家不能提出修改意见。

销售代表在解释完新产品以及产品吸引消费者的原因之后，他们会拿出也许对买方来说最为重要的东西：营销计划。营销计划包括很多方面，但归根结底就是钱。一般情况下，营销计划包括电视广告、电台广告、平面广告、网络广告，也许还包括赠送样品、促销价格、商家优惠券以及店内促销产品等。此外，还需要一个如何吸引公众关注这个产品的计划，这个计划可能是一个在报纸上进行的产品评论，或者在杂志等出版物的“新产品”栏目中进行的介绍。就这家公司（和商场）而言，这类宣传正是他们不花钱做的广告。不过，所有这些宣传，包括派送产品的免费样品以及大量的宣传资料，仍需要数百万美元的投入。

最后，销售人员谈到产品价格，并建议买方应该订购多少。买家也许会讨价还价，不过他给出的建议就是“接受不接受由你”。尽管大卖场能对生产消费品的大企业施加影响，但那些企业也控制着进入商场的各类产品。每个人都想维护良好的关系，所以他们往往会达成一个双方都满意的协议。

TerraCycle的模式与之截然相反。当我们的销售代表与买方第一次会面的时候，我们一开始就告诉买家TerraCycle的情况。我们给他们一份介绍公司历史的材料——介绍公司是如何成立的，公司如何以废物源为基础建立了企业范式。我们还指出，这个理念让我们制造出很棒的、与市场上其他产品都不一样的产品，而且成本低廉。我们介绍了收集活动开展的情况，我们在学校和教堂收集垃圾，学校和教堂把挣得的钱用在慈善事业或者其他社区福利上。

接下来，我们给他们展示媒体对我们的反应：一些关于我们的电视节目，一段从“大创意”（*The Big Idea*）* 上截取下来的短片，以及2009年在国家地理频道播放的有关TerraCycle的节目。最后，我们给他们展示具体的产品：铅笔盒、背包等。这个过程是互动的，通常，我们的销售人员直到最后才会谈到给那家商场的具体产品。

举个例子。2008年春，我们的销售副经理戴夫·康波多尼卡（Dave Campodonico）正在沃尔玛参加会议，这时他的手机响了。电话是沃尔玛的一位家庭用品买家打来的，那个人当时就在那栋楼里。他说：“你们现在是这栋楼里谈论的主题，我听说很有趣，

* 美国CNBC频道的一档知名节目。——译者注

我想见你。”顺便说一下，这种事情闻所未闻，因为买家通常不会主动给销售代表打电话的。不过戴夫安排了时间，和买家一起来的还有一位来自家庭用品部的人，而这个人实际上是一位旁观者，他对 TerraCycle 很感兴趣，想看看 TerraCycle 到底是怎么一回事。如我在前面所讲的那样，戴夫给他们作了详细的展示和介绍，给他们看了装有保险丝的材料。买方仔细看了看，说：“我想看看你们能用什么来做浴帘。如果你们能用薯条袋和饼干袋或者类似的东西做成学习用品，那简直是太棒了。”

那天，戴夫丝毫没想到他会销售浴帘，他突然发现自己处在新产品开发周期的起点上。

无论何时开始开发新产品，我们都遵循以下几个基本的指导方针：

1. 不要发明新形式的产品。如果可能的话，用垃圾重新制造比较环保的产品。

2. 发挥原材料的优势。看到垃圾时，把废物源分离开（比如说饮料袋），看看这类垃圾作为材料能做成什么。饮料袋能缝在一起，可以做成数百种产品，这都来自一种废物源。

3. 让产品价格与市场上的同类产品相比具有竞争性。实际上，我们在定价方面从来没有任何问题，因为我们的原材料非常廉价，我们的营销预算非常低。

4. 确保产品具有与任一同类产品同样（或更多、更好）的特点、优点和功效。

5. 不要让产品复杂，尤其是涉及技术和规则的时候更是如此。使产品简单，如没有活动的部件、没有复杂的电子装置等。即便有这些限制，生产数千种产品的潜力还是很大的。

6. 远离监管麻烦。很可笑的是，有些产品受到高度监管（比如说，每个州都要对植物肥料的商标进行认证），而其他产品（比如说清洁剂）就不受监管，没有这样的麻烦。如果监管人员对你的产品说“不用进行认证”，这样就能加快该产品在美国市场上的投放速度。

在“发现销售”中，我们承认，我们并非对任何一个领域或者任何一款产品都了解得非常透彻，包括价格点是什么，人口统计因素是什么，地区经销会怎样等类似的问题。我们只是说，我们有很多垃圾，我们能把它们混合在一起，做成外观漂亮的产品。沃尔玛也让我们制作一种斜挎包，设计流程包括去沃尔玛购买几个《汉娜·蒙塔娜》（*Hannah Montana*）* 中的斜挎包，然后把包寄给我们的设计师，附带一个字条：“嗨！用饮料袋或者其他可行的材料设计出这个包！”

有了从沃尔玛买来的斜挎包，我们模仿制作了一些样品，接下来，和沃尔玛的买家进行一系列商讨。他们参与了每个程序的设计，包括结构、颜色和针脚。商讨六七次后，他们同意在新泽西的 50 家店铺进行试销。浴帘的生产过程也是这样的，是商家和戴夫共同商讨的结果。我们最后敲定用奥利奥饼干包装纸来做浴帘。2008 年年底，浴帘成品被运送出厂。

这种产品开发的模式有几个好处，它们也许是你想象不到的。首先，零售商对产品非常感兴趣。他们在这个过程中投入的时间越多，产品就越符合他们的需要，他们也就越有可能购买这种产品。实际上，自始至终我们都没遭到过拒绝，我们的成功率是百分之百。

此外，当我们把重点从生产和销售植物肥料转移到销售用垃圾制作的产品时，我们把可销售的产品种类进行了大幅拓展。“发现销售”意为我们和商场联手，共同制造产品。通过此种方法，我们的销售人员不再局限于与企业内部的单一买家或者一群相关的买家联系。当我们与沃尔玛或者塔吉特交易的时候，我们可以与任何经销家庭用品或者办公用品的买家会面。

2008 年年初，我不断提醒销售人员，应该和更多的买家接

---

* 迪斯尼热播情景喜剧。——译者注

触，效果相当明显。戴夫每两周就去拜访沃尔玛的总部本顿维尔一次，但有时这还不够。正如戴夫所说的那样："有点像喝消防水管里的水。你希望水只从你脸上滑落并不那么重要。它不适合胆小怕事的人。"

在完全掌握了"发现销售"模式之后，我们又提出了补充"发现销售"的销售方式，即"360 度销售"。零售商在一年中的特定时间对某些产品进行评估，通常是在实际销售季节的前 9～12 个月进行，如圣诞产品在 1 月，园艺产品在夏季，学习用品在 10 月等。这是唯一他们能够看见你的时间。所以，当我们只卖植物肥料的时候，我们一年中只有一个月能召开销售会，余下的其他时间我们就没了运气，有时也没了钱。

不过，现在我们已经成为一个能够生产多种不同产品的企业。事实上，我们能生产多少产品没有任何限制，我们全年都能召开销售会，而且也应该这样做。所以，我们制订了一个销售季节的日程表。同时我们还注意到，产品评估一直在进行，因此我们需要做的就是开发适合每个季节的产品。

正因为有了这个销售方法，我们在看到新产品的销售情况之前对其投入相对很小。所以，如果新产品卖得不好，我们会转移到下一个产品。就这样，我们从一开始拥有十几个不同产品，发展到在不到两年的时间里拥有一百多个产品。

如此快速的发展，部分原因是我们给已经做得很好的产品进行了"调味"。我们在做植物肥料时发现，多种用途的植物肥料与特定用途的植物肥料（如兰花肥料）之间基本上没有太大区别。在生产新产品时，我们所需要做的就是稍微调整一下，结果是，我们的销量明显增加。"调味"是生产消费品的企业影响人类心理的方法。人们更喜欢有具体功能的特定产品。尽管产品是一样的，但他们感觉具有特定功能的产品效果会更好。

在当今的社会里，所有逛超市的人们对我所说的话都不会感到吃惊。比如说，多种不同的清洁产品适合你。你可以买到卫生间清洁剂、马桶清洁剂、浴室清洁剂、瓷砖清洁剂、灶台清洁剂、不锈钢清洁剂、玻璃清洁剂和眼镜清洁剂。不过，这些清洁剂有多少真正的差别呢？非常小，所有清洁剂所含的主要活性成分都是一样的，唯一显著的区别在于味道和颜色。除非产品是与食物接触（或者本身是可食的）的，否则企业无须列出成分。所以很难说它们之间到底有什么区别。

在我逐渐意识到垃圾的用途时，我对身边的每件东西更加关注，我认识到了它们的生命周期是什么。你可以自己做一下这样的练习：无论你在哪儿，逐一看看周围的物品，极力想象它在生命的终点会发生什么。你也许看到的是椅子、地毯、窗户、窗帘、窗帘杆、台灯、一段绳子、灯罩和灯泡。现在，思考一下，如果你（或者任何一位主人）不再需要它们时，这些物品会怎样？你也许会想到很多结果。这些物品多数都要被填埋或者被焚烧，但问题是，每个产品、每个东西，都有自己的生命终点。也就在这时，TerraCycle 参与了进来。

在谈到塔吉特或者另外一家大型超市即将订购大批各类产品时，用垃圾制造产品所产生的问题，是你需要大量的特定种类的垃圾，而且需要依靠自己的信息来源去弄到它。于是，我开始对身边的事物进行评估，思考它们生命终结时的用途，以及我能够弄到多少。我想到了电路板，因为无用的电子产品在我们的社会里是废弃物，而且大部分零部件不能回收。没想到，很难找到这些电子垃圾。尽管有很多工业垃圾，但没有企业愿意接收它们，所以前消费垃圾是很难找到的。后消费电路板能够找到，不过找到时零部件已经被焊接上了，很难弄下来。不过，显示器机架、CPU 盒和打印盒等还是可用的。

此外，我还想到了满大街都是的易拉罐的拉环。对回收站来说，拉环实际上是易拉罐上最值钱的东西，因为它不像易拉罐的其他部分，它是纯铝的。它们是非常专业化的商品，于是我们决定和已经注意到这个废物源的人们合作。我们找到了在全美国收集拉环的“麦当劳叔叔之家”（Ronald McDonald House）。

每年，企业扔掉的CD和DVD达数千万张，这些被扔掉的光盘有的是没有卖掉的唱片、游戏和录像，有的是生产过量的碟片。这个数量是惊人的，甚至有点令人眩晕。那些制作CD和DVD的企业不想给我们，除非我们证明会毁掉这些光盘。最后的解决办法便是用激光把碟片打制成圣诞装饰物。

乙烯基广告牌非常结实，但不可回收，每年扔掉的这类广告牌就有几百万个。它们可以被缝制成非常漂亮的产品，但由于上面的内容涉及知识产权问题，所以很难弄到它们。我们最近和可口可乐公司达成了协议，开始对其广告牌进行升级回收。

环保已经成为最热的领域之一，但我们在这个领域里没有直接的竞争，这是我们成功的原因之一。今天，基本上有两类企业在制造环保产品：以传统的资本主义模式运作的大企业和以环境利润模式运作的小企业。前者关注的是价格而不是环保创新，后者注重的是对环境的影响，但对其产品征收额外的费用。

大企业配送量大，而且已经具备了主要的基础设施，即便当它们决定制造环保产品时，它们也需要运用同样的产品开发方法。这常常意味着，它们把回收的内容合并到包装上，而且对产品内容稍作修改。因为有了现成的大型基础设施，它们很难重新制造出最环保的产品。

以环境模式运作的小企业往往把关注点放在小型零售商的身上，把产品的价格定在高端价位。因为它们的产品贵很多，所以很难卖到大型超市。即便它们想这么做，也往往做不到。结果，它们只能卖给美国零售业的小型零售商联盟。

TerraCycle刚开始就打进了大卖场，并一直依靠它们发展。“发现销售”和“360度销售”只有在大型的环境里才能得以良好运作，因为只有那些大卖场才能下出大订单，从而有大量的资金可以从零开始打造新产品。此外，它们能够提供完整的销售数据（在小型零售商那里是看不到销售数据的），做到即时付款，并具有良好的信用。也许最主要的是，到大型超市购物的不仅是多数美国人，而且往往是那些信息不够灵通且不够关注环境问题的人们。

时至今日，“发现销售”和“360度销售”一道取得了巨大成功。在一年的时间里，TerraCycle向市场投放了一百多个产品，从冬季用品（壁炉用的柴火到融冰剂）、节日用品（装饰品）、清洁产品（从下水管道清洁剂到窗户清洁剂）、园艺用品（从堆肥到驱鹿剂）、办公用品（从文件夹到铅笔盒）、包（从电脑包到购物袋）到家庭用品（从画框到浴帘）。现在我们每周都在全美国范围内投放一个新的用垃圾制造的环保产品，我们从构思到摆上货架的时间间隔平均为六个月（而多数企业需要两年时间）。有没有可能继续进行这样大规模、长久性的产品拓展呢？鉴于环境的需要和消费者对更好、更便宜的绿色产品的需求，我相信，这种可能性是有的。

结 论
消除垃圾的观念

2001年，在蒙特利尔的地下室里给我灵感的那个想法，打造出了美国发展最快、最具创新的私人企业。我为TerraCycle的发展动力和潜力感到兴奋不已，但对于我来说，目标不是为了发展而发展，而是为了减少或者消除我们企业赖以生存的物质：垃圾。

垃圾让我着迷的一个原因是，它突破了供求经济学的标准参数。请登录谷歌，搜索一下“供求曲线”图，你会发现有几百个纵轴为“价格”（从0开始）和横轴为“数量”（从0开始）的例子。曲线基本上告诉我们的是：供应减少，价格随之上升，反之亦然。但我没有找到一个侧重于负需求的“供求曲线”，也就是说，“负需求”是把人们为处理物品而愿意掏多少钱考虑在内了。

垃圾是任何一种我们愿意花钱处理掉的商品。它是世界上唯一具有真正负价值的商品。垃圾存在的一个原因是出于经济方面的考虑。因为在很多情况下，扔掉东西要比再利用或者进行适当的回收便宜得多，而且企业还没有被要求对其产品的整个生命周期负责。现在，很多大型企业已经主动和 TerraCycle 签订了赞助回收垃圾活动的协议，与收集它们包装的消费者进行合作，承担起回收包装垃圾的责任。

如果 TerraCycle 发展并由此产生出更多的垃圾需求，怎么办？如果其他企业也这么做，怎么办？和任何一种商品一样，当需求增加时，价格会随之提高。假设每吨垃圾的起始价格是－50 美元（也就是说，人们愿意支付 50 美元处理他们的垃圾），垃圾的市场需求增加，会使价格上升到－40 美元，接着是－30 美元。需求越来越大，价格会持续上扬，也就是说，负值越来越小。最后，会达到一个不可思议的点，价格升到了 0 美元以上，变成了正值。此时，商品不再是垃圾。

我知道，我们距离消灭垃圾还有很长的一段路要走，不过，我们的目标是把恶性循环变成良性循环。提到德行，人们常常问我，TerraCycle 是否允许一些大企业“漂绿”（greenwash），因为它们不断生产出一吨吨的包装（很多人反对那些企业所包装的东西，也反对它们的其他一些经营方式）。不能说我赞成与 TerraCycle 合作的所有企业的具体做法，但我们公司存在的目的就是帮助解决一个环境大问题——垃圾。我可以向你保证，与我们合作的企业以及那些企业的员工都对解决这个问题作出了努力，主要是因为他们的消费者让他们认识到，应该优先考虑这个问题。还是那些消费者，他们要求使用便捷的可处理包装，所以在生产商和零售商生产出这些不计其数的包装时，他们对消费者的要求作出了回应。

现在，TerraCycle 给不可回收包装提供了除了进填埋场之外唯一可升级的解决办法。如果我们要想真正改变这种制造垃圾的循环，就必须改变消费模式。想一想你在过去一个月里买的东西，几乎所有东西在一两年后都将成为垃圾，99％的东西会在六个月后成为垃圾。每年处理垃圾所需的费用达几十亿美元，而多数垃圾管理企业都是运输者，根本没有对垃圾进行管理。此外，我们所看到的城市固体垃圾只占垃圾总量的1%～2%。我不想说找到了解决方法，但我想说，我对如何逆转垃圾生成的循环问题很感兴趣。我知道，能否解决这个问题，部分在于消费者，部分在于生产商。现在生产商把垃圾视为负债，当他们把垃圾视为资产的时候，离解决问题就不远了。

TerraCycle的故事远没有结束，不过本书到此结束了。我希望你和我一样期待它的续篇。TerraCycle已经不再是一个刚刚起步的企业，我们已拥有意义深远的影响力。比如说，在2008年的前八个月，TerraCycle以及参与收集活动的人共收集了5 200万个饮料袋、500万个能量棒包装纸、100万个饮料瓶、1 000万个饼干包装，但这只是被填埋的垃圾的一小部分。我坚信TerraCycle会加倍努力，扩大影响，从而减少被浪费的垃圾的数量。最令我感兴趣的是，这个经营模式会如何发展。毫无疑问，在未来的旅程中，会有一些弯路。

再见！

汤姆

鸣　谢

我要感谢的人有很多，包括一些我没有亲自接触到的人，他们多年来信任 TerraCycle，并帮助 TerraCycle 创立和发展。

首先，我要感谢我的太太素妍，她不仅是我忠诚的生活伴侣，也是我在 TerraCycle 发展历程中不知疲倦的旅伴。接下来，我要感谢的是素妍的妹妹素恩，以及我的父母和双方所有的家庭成员。对一切事物——无论大小——都表达我深深的爱和谢意，并感谢我拥有不可替代的能力——耐心。

感谢那些从一开始就对我和 TerraCycle 的前途充满信心的人们，以及那些冒着极大风险参与实现这个梦想的人们，他们是：Robin、Bill、Jon、Noemi、Ryan、Stu、Hilary、Alex、Steve、Brian、Sam，还有很多我没有提到的人们。感谢 EcoComplex 公司的人们，他们是：Janes 博士、Russle、Joe 博士、Dave、Priscilla，以及这个团队的其他人，他们在我无助的时候向我伸出了援助之手。

感谢一百五十多位实习生，他们在暑假期间为 TerraCycle 工作，帮助我实现梦想，并不断挑战极限。

感谢 TerraCycle 的管理团队和劳动团队，包括最近新招聘来 TerraCycle 的六十多人，他们每天都在努力工作，把梦想变成现实。感谢你们：Betsy、Sheryl、Donna、Jared、Elaine、Cokey、Fred、Dave、Ellen、Brian、Robin、Ron、Dara、Dean、Wendy、Pat、Larry、Milton、Steve 夫妇和 Michael 夫妇、Joel、Joe 博士、Bill 博士、Pierre、Lawrence、Kevin、Theresa、Tiffany、Albe、George、Dan、Chris、Ed、James、Richard 和所有没有提到名字的人们，以及那些曾经在 TerraCycle 工作过和那些不久将加入我们队伍的人们。此外，非常感谢在墨西哥、加拿大、美国加州和全世界间接为我们工作的人们，感谢他们为我们的工作作出了重大贡献。

感谢信任我们、对 TerraCycle 的发展前景充满信心的投资者们，特别感谢 Edith、Martin Stein、Victor、Antonio Elmaleh、John、Rich、Dave、Josh、Suman、AAI、Investors Circle、Phil、Good Works Ventures、Renewal Partners、Fulcrum、Peak Ventures、InvestEco、Nora、Duncan、Jon、Ken、Steve、Ron、Sean、Niko、Perlins、Gilliams、Jeff、Joan、Kathleen、Isles、Josh、Doug、David、Andy、Fran、Brett，以及那些没有提到的人们。

感谢我们的顾问，感谢过去和现在的董事会成员：Enoch、Tom、Rich F.、Rich S.、Royce、Phil 和 Mary，谢谢你们在我十分艰难的时候给出的宝贵建议。

感谢赞助垃圾的合作者和零售商合作伙伴，以及和 TerraCycle 一同冒险的人们，特别要感谢：Wes、Mary、Reggie Jonaitis、Bill Bonner、Ron Jerutis、Dick Arnold、Jack Abelarde、Tony Romero、Sally Mueller、Rand Waddoups、Ryan McCoy、Steve Yucknut、Jeff Chahley、Vinay Sharma、Fran Hinckley、

Carly Lutz、Erik Drake、Jessica Chau、Ryan Therriault、诚实茶公司、克里夫能量棒公司、石原农场酸奶公司、卡夫食品集团、菲多利公司、星巴克、Bare Naked、Kashi、J&J、家得宝、沃尔玛、塔吉特、麦克斯、克罗格、Petco、弗雷德·梅尔、全食超市、Sams Club、Shop Rite、Zellers、Menards、Walgreens、CVS、RiteAid，等等。

感谢帮助我形成自己观点的多伦多的人们，感谢 Anthony、Jake、Dan、Blakley、Pete、Victor Verblac、Paul、Mary、Tom Boyle 和 Jim Budman。

感谢那些帮助宣传 TerraCycle 的媒体人，特别要感谢 Bo Burlingham、Wendy Bounds、James Baggett、Meredith 团队、Matt Bennett 、Silent Crow Crew、Paul Frank 、“糖衣陷阱”团队（The Firm)、Daryl Hannah、“懒惰的环保主义者”，感谢对 TerraCycle 进行报道的其他所有人。

感谢环保组织，感谢在过去的几十年里充当环保先锋的人们，感谢他们提供的灵感，感谢他们引发消费者、生产者和零售商的环保意识，正是拥有了这样的意识，TerraCycle 才得以生根并茁壮成长。

感谢企鹅出版社的团队，特别要感谢 Courtney Young、Adrian Zackheim 以及“糖衣陷阱”的 Alan Nevins。

感谢大自然，感谢它让我认识到没有垃圾这样的东西，有的只是对其他过程或者其他创造物的投入。特别要感谢那些蚯蚓，它们安静勤劳的工作为 TerraCycle 提供了最初的灵感。

最后，我要感谢那些参与 TerraCycle 收集垃圾活动并购买我们产品的人们。你们每天的行动都显示出积累的力量，让我们一步步迈向更加美好的未来。

做正确的事
著
中国人民大学出版社

《做正确的事》

人们最关注的是什么?

正如你所知。多数公司关注削减成本、裁员、减薪或者将项目外包，直至降低服务水平，也无怪有这么多的失败公司——与它们相反，西南航空数十年来一直关注做正确的事情，保持利润水平和明晰发展方向。詹姆斯·派克向我们展示了“做正确的事”绝不是天真的自我“感觉良好”，而是取得公司成功的最有利法则。派克的故事虽不能让你立刻醍醐灌顶，但至少会潜移默化地影响你。

天真? 不是这样子的。在这本书中，西南航空前 CEO 告诉我们为何做正确的事情是公司取得成功的头号法则。

詹姆斯·派克告诉我们 9·11 事件后，西南航空做了三个关键的决策:不裁员、不减薪、按顾客要求无条件退款。结果是西南航空仍然持续盈利，2001 年第四季度的顾客周转盈利水平保持稳定，而其他公司几乎崩盘。同时，西南航空的市值超越了所有竞争对手市值的总和。

这些关键的决策来自西南航空的互相尊重与信任的文化，一切都是那么自然。派克利用他个人深邃的洞察力为我们剖析了这种文化，向我们揭示了其他组织或人应该如何使用这些相同的法则，派克告诉你做正确的事真的并不困难!

皮克斯总动员
著
中国人民大学出版社

《皮克斯总动员——动画帝国全接触》

《玩具总动员》、《海底总动员》、《超人总动员》、《美食总动员》、《汽车总动员》、《机器人总动员》，在这些充满奇思妙想、制作精良、大名鼎鼎的经典动画电影的背后，有一个共同的名字——皮克斯动画工作室。 作为当今最成功的动画电影缔造者，其技术和创意有口皆碑。 在 20 年的时间里，这家公司从几个电脑动画的狂热爱好者制作动画电影的梦想工作室，迅速成长为比肩甚至超越迪斯尼的动画巨擘。

本书向我们生动讲述了皮克斯非凡成就背后不为人知、起起伏伏的成长历程，深入展示了这家彻底颠覆电影产业传统观念的公司和创建这家公司的“奇人”们，这些创意天才们从最初的梦想，到真正实现梦想，最终创造了数十亿美元的财富。 他们成功的秘诀也正如皮克斯的标志——跳跳灯所象征的那样：孜孜不倦的工作、勇于实践的风格、左右逢源的灵感，以及不墨守成规的个性。 翻开本书，您总能有所收获。

知你所不知

著

中国人民大学出版社

《知你所不知》

迈克尔·罗伯托是美国布莱恩特大学管理学教授，研究领域为战略决策过程和高层管理团队，对于群体灾难和组织失败的原因有深入的研究。在本书中，他通过大量实证和案例告诉企业管理者：怎样超越单纯的“解决问题”，在问题萌芽时就将其发现并消灭，从而防患于未然，带领企业走向成功。

问题为什么常常躲藏在阴暗的角落里而不为人所知？罗伯托从这个问题出发，首先找到问题被隐藏的各式各样的令人吃惊的原因。接着，他提出了解决问题的有效方案。怎样获得关键的第一手资料？面对组织中看似互不相关的事件，怎样识别出深层次的问题？怎样激发一线员工坦率地讲出其所发现的问题？怎样鼓励有益的错误？本书的重点在于“如何”、“怎样”，对这些问题的结论来自于对无数企业大量的访谈、调研。有了这些线索和方法，“知你所不知”不再是少数天才的顿悟和不可言说的诀窍，而是成为了企业避免失败、赢得成功的简单可行的管理方法。

成功创业的14堂营销课

著

中国人民大学出版社

《成功创业的 14 堂营销课》

营销在创业过程中扮演着重要的角色，如果把营销的含义扩展到创意的产生、筛选以及品牌的塑造，那么它就不仅是创业中的一个环节，而且贯穿于创业企业的生命始终。沃顿商学院资深教授洛迪士以及他的两位经验丰富的企业家朋友，为创业者们准备了 14 堂营销课，帮助创业者们提升成功的可能性。这 14 堂营销课从营销战略的制定到创意的开发和筛选，从获取最大利润的定价到保持持续竞争优势的分销，从先声夺人的新产品发布到有效的广告公关，从恰到好处的营销资源配置到一二级市场融资……涵盖了创业企业营销的方方面面，每一课的讲解中还辅以若干真实案例。正如李开复所说，如果丝毫没有经验、凭着拍脑子想出来的点子认为自己可以改变世界，那么失败的概率会是 99.99%。但经过创业方面的学习，掌握一些简单易行的创业营销方法，一定可以增加成功几率。希望这 14 堂精心准备的营销课能够给在创业道路上摸索的朋友提供帮助。

图书在版编目（CIP）数据

蚯蚓创业记/萨基著；王哲译．—北京：中国人民大学出版社，2011.8
ISBN 978-7-300-12261-8

Ⅰ．①蚯… Ⅱ．①萨…②王… Ⅲ．①垃圾-废物综合利用-加工厂-工业企业管理-经验-美国 Ⅳ．①F27

中国版本图书馆 CIP 数据核字（2010）第 105149 号

蚯蚓创业记
汤姆·萨基 著
王 哲 译
Qiuyin Chuangyeji

出版发行	中国人民大学出版社		
社　　址	北京中关村大街 31 号	**邮政编码**	100080
电　　话	010－62511242（总编室）		010－62511398（质管部）
	010－82501766（邮购部）		010－62514148（门市部）
	010－62515195（发行公司）		010－62515275（盗版举报）
网　　址	http://www.crup.com.cn		
	http://www.ttrnet.com(人大教研网)		
经　　销	新华书店		
印　　刷	三河市汇鑫印务有限公司		
规　　格	160 mm×235 mm　16 开本	**版　　次**	2011 年 10 月第 1 版
印　　张	11.25 插页 1	**印　　次**	2011 年 10 月第 1 次印刷
字　　数	131 000	**定　　价**	25.00 元